Karola Berger

Leben und arbeiten in Harmonie

Karriere mit Feng Shui

Den Energiefluss in Wohnung und Büro verstärken
und zur Quelle des persönlichen Erfolgs werden lassen

Südwest

Inhalt

Feng Shui am Arbeitsplatz: Die richtige Wahl von Ort und Umgebung erleichtert den Weg zum Erfolg.

Die Kompassschule   5

Der Luo-Pan-Kompass   5
Ihre persönliche Glücksrichtung   7
Nachteilige Himmelsrichtungen   12
Die Nutzung der Himmelsrichtungen   14

Feng Shui am Arbeitsplatz   19

Vorteilhafte Himmelsrichtungen   19
Büroberufe   23
Kaufleute und Selbstständige   24
Bau- und Transportberufe   29
Lehrende und pflegende Berufe   31
Landwirtschaftliche Berufe   31
In der Ausbildung   32
Störfaktoren   33
Das Chi verbessern   36
Die Reinigung des Chi   40
Die Erneuerung des Chi   43
Platz für das frische Chi   46

Die fünf Elemente   55

Unterschiedliche Sichtweisen   55
Element und Beruf   60

Das Chi zwischen den Menschen   63

Die Ostgruppe und die Westgruppe   65
Die elementaren Eigenschaften   70
Der zerstörende Elementekreislauf   73
Der aufbauende Elementekreislauf   74
Farben und Formen   75
Feindliche Elemente   77
Welches Mittel wähle ich?   80

Ihr chinesisches Horoskop   83

Ihr Tierkreiszeichen   83
Wie wird Ihre Zukunft?   89

Feng Shui und Gesundheit   93

Das Chi und die Gesundheit   96
Das Rutengehen   98
Die Meridiane der Erde   99

Heilung durch Ernährung   103

Ernährung nach den fünf Elementen   103
Die fünf Elemente und die Organe   106
Seelisch bedingte Krankheiten   109

Yin und Yang   113

Krankheitssymptome   115
Krankheitsursachen   116
Was brauche ich?   118
Ernährung nach den Jahreszeiten   121
Kurzer Feng-Shui-Check   123

Über dieses Buch   127
Register   128

Feng Shui hat auch mit Ernährung zu tun. Bestimmte Nahrungsmittel stärken den Anteil bestimmter Elemente im Menschen.

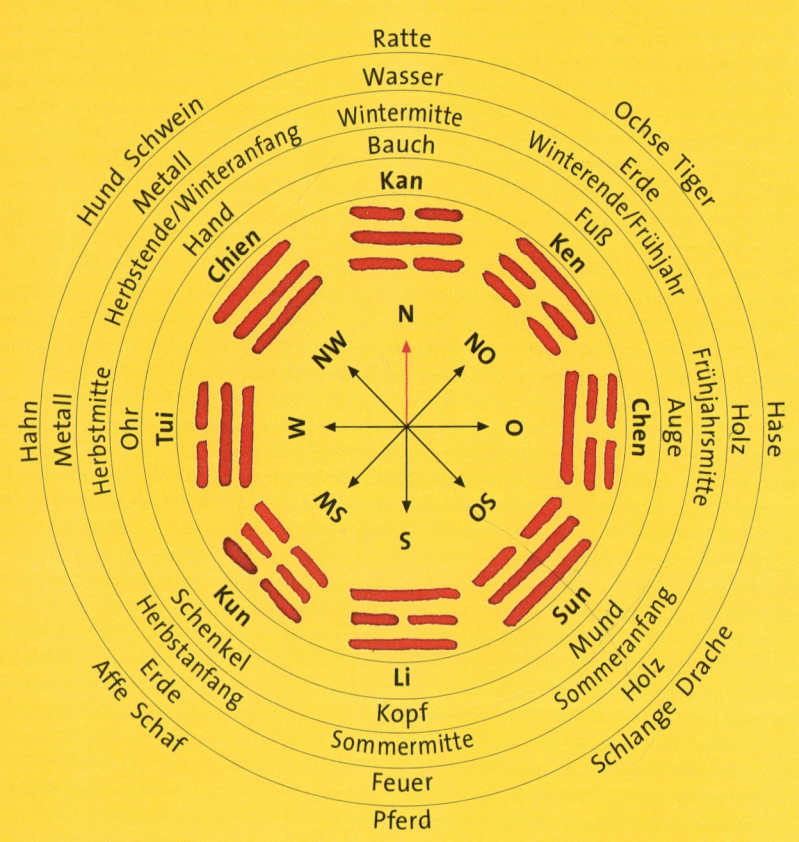

Die Kompassschule

Eine der Hauptrichtungen des Feng Shui ist die Kompass-schule. Sie schenkt den Himmelsrichtungen besondere Beachtung und lehrt, dass es für jeden Menschen vorteil-hafte und nachteilige Richtungen gibt, die er beachten sollte. Dahinter steht die Theorie, dass Sie Ihr persönli-ches Chi mit dem Chi Ihrer Umgebung in Einklang brin-gen können, wenn Sie Ihr Geburtsdatum mit den Him-melsrichtungen harmonisieren. Besonders die Ausrich-tung des Betts, des Herds, des Arbeitstischs und des Hauseingangs in die für Sie günstigste Himmelsrichtung bringen Ihnen Reichtum, Glück und Erfolg.

Die wichtigsten Regeln dafür werden in diesem Kapitel vorgestellt. Die andere Hauptrichtung des Feng Shui, die Formenschule, wurde im Band »Die Balance des Lebens finden – Feng Shui« dieser Taschenbuchreihe erläutert.

Das Chi ist die unsichtbare Lebenskraft, die alles durchdringt. In vielen Kulturen der Welt wird diese fließende Lebenskraft als Spirale, Schlange oder Drache dargestellt.

Der Luo-Pan-Kompass

Das Grundwerkzeug der Feng-Shui-Kompassschule ist der Luo-Pan-Kompass, der schon vor Jahrtausenden entwickelt und mit der Zeit immer weiter verfeinert wurde. Sein Kernstück ist ein normaler Kompass, wie wir ihn z. B. als Taschen- oder Marschkompass kennen. In der Mitte ist die bewegliche Kompassnadel befestigt, deren Spitze sich stets von selbst nach Norden ausrich-tet. (Die Chinesen orientieren sich am anderen Ende der Nadel, das nach Süden zeigt, doch das tut nichts zur Sache.) Der innerste Ring des Kompasses besteht aus einer kreisförmigen Skala. Auf ihr sind die Hauptrich-tungen Norden, Süden, Osten, Westen sowie Nordosten,

Eine einfache Version des Luo-Pan-Kompasses. Professionelle Feng-Shui-Berater benutzen wesentlich kompliziertere Ausführungen.

Nordwesten, Südwesten und Südosten eingetragen. Wenn man diese Skala so ausrichtet, dass die Markierung N (für Norden) mit der Spitze der Kompassnadel zusammenfällt, kann man ablesen, wo die übrigen Himmelsrichtungen sich befinden (siehe Abbildung Seite 4).

Die Trigramme

Auf einer weiteren Skala des Kompasses (meistens der zweiten von innen) befinden sich die so genannten acht Trigramme. Das sind die Grundfiguren aus dem chinesischen I Ging. Sie bestehen aus jeweils drei untereinander liegenden Linien, die durchgehend oder unterbrochen sein können. Sie heißen:

Fünf Elemente und zwölf Tierkreiszeichen entsprechen dem menschlichen Charakter. Jeder Mensch ist einzigartig, aber wir haben bestimmte Wesenszüge, die den Kern unserer Persönlichkeit ausmachen.

Chien	Kan	Ken	Chen
Sun	Li	Kun	Tui

Jedes Trigramm ist durch die Überlieferung mit vielerlei Bedeutungen und Inhalten verknüpft, die vom Feng-Shui-Berater je nach seinen gesammelten Erfahrungen bewertet werden.

Weitere Kompassringe enthalten die Körperteile, die bestimmten Himmelsrichtungen zugeordnet sind, die Jahreszeiten, die Tierkreiszeichen und Elemente sowie persönlich vom Meister an den Schüler weitergegebene Hinweise und Zeichen, die als kostbares Geheimwissen gehütet werden.

Ihre persönliche Glücksrichtung

Um Ihre persönliche Glücksrichtung zu finden, suchen Sie zunächst in der Tabelle auf Seite 124ff. Ihre Tierkreiszeichen-Kennzahl auf. Sie steht, falls Sie ein Mann sind, in der dritten Spalte hinter Ihrem Geburtsjahr und dem Namen Ihres Tierkreiszeichens, für Frauen steht sie in der vierten Spalte.

Die vier günstigen Himmelsrichtungen

Wenn Sie die Tierkreiszeichen-Kennzahl wissen, können Sie damit in der unten stehenden Tabelle Ihre günstigen Himmelsrichtungen finden. Merken Sie sich Zahl und Himmelsrichtungen – Sie brauchen sie noch öfter. Die hier angegebenen Überschriften sind nur Stichwörter, die für einen größeren Zusammenhang stehen.

Die Himmelsrichtungen beeinflussen Erfolg und Misserfolg. Wenn Sie die förderliche Himmelsrichtung für eine Tätigkeit beachten, werden Sie sie mit mehr innerer Energie ausführen können.

GÜNSTIGE HIMMELSRICHTUNGEN				
Ihre Kennzahl	IHRE RICHTUNG FÜR			
	Erfolg	Gesundheit	Familie	Harmonie
1	SO	O	S	N
2	NO	W	NW	SW
3	S	N	SO	O
4	N	S	O	SO
5 *für Männer*	NO	W	NW	SW
5 *für Frauen*	SW	NW	W	NO
6	W	NO	SW	NW
7	NW	SW	NO	W
8	SW	NW	W	NO
9	O	SO	N	S

Bei der Kennzahl 5 sind die günstigen Himmelsrichtungen für Männer und Frauen verschieden, bei den übrigen Kennzahlen sind sie gleich.

Auf dem Luo-
Pan-Kompass
sind alle wesent-
lichen Daten ein-
getragen, die die
Lebensqualität
eines Menschen
ausmachen.

▶ **Erfolg:** Auf chinesisch heißt diese Richtung Sheng Chi, d. h. »Glückbringendes Chi«. Dies ist Ihre beste Richtung. Ihre Beachtung kann Ihnen Reichtum und finanziellen oder politischen Erfolg bringen.

▶ **Gesundheit:** Dies ist Ihre zweitbeste Himmelsrichtung. Vor allem verhilft sie zur Heilung von Krankheiten. Sie gibt Ihnen aber auch Wohlstand und Freunde.

▶ **Familie:** Diese Richtung ist für ein harmonisches Familienleben zuständig. Ihre Aktivierung kann Streit, Meinungsverschiedenheiten und Uneinigkeit beilegen.

▶ **Harmonie:** Diese Richtung bietet Ihnen ein angenehmes und gutes Leben und kann Sie vor Unglück und Schwierigkeiten bewahren.

Sektoren und Richtungen

Bei der Nutzung der Himmelsrichtungen ist zu unterscheiden zwischen Wohnungssektoren und Glücksrichtungen.

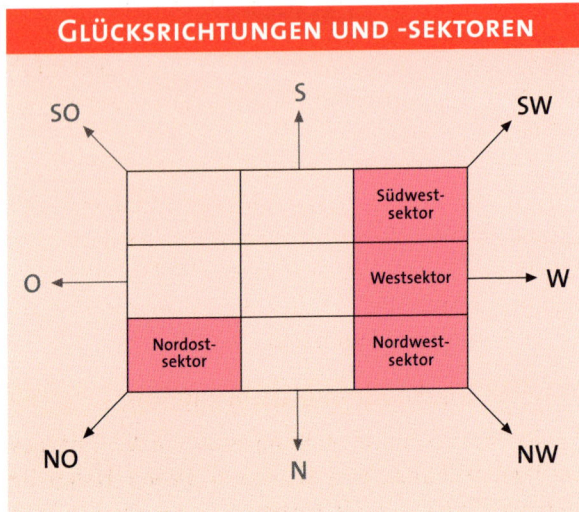

Glück bringende Himmelsrichtungen, illustriert am Beispiel der Kennzahl 7: Südwesten, Westen, Nordwesten, Nordosten.

Ein Beispiel: Wenn Ihre Kennzahl 7 ist, sind Ihre Glücksrichtungen Nordwesten, Südwesten, Nordosten und Westen (siehe Schema Seite 8).

Dann ist es für Sie von Vorteil, wenn Ihr Bett im Nordwestsektor Ihrer Wohnung steht oder auch im Südwest-, Nordost- oder Westsektor. Das sind die in der Abbildung auf Seite 8 schraffierten Bereiche. Falls dies nicht möglich ist, sollten Sie zumindest darauf achten, dass das Kopfende Ihres Betts in eine dieser Richtungen zeigt. Dasselbe gilt für die Eingangstür: sie kann in einem Glück bringenden Sektor Ihrer Wohnung liegen oder in eine Glück bringende Richtung zeigen, wenn man hinausgeht. Am besten ist natürlich beides.

Zeichnen Sie Ihren Wohnungsgrundriss

Zeichnen Sie den Grundriss Ihrer Wohnung auf ein Blatt Papier. Er muss nicht millimetergenau stimmen, sollte aber die ungefähren Größenverhältnisse wiedergeben. Wenn Sie also eine lang gestreckte Wohnung haben, sollte das auf der Zeichnung deutlich sichtbar sein, ebenso, wenn Ihre Wohnung L-förmig oder quadratisch ist. Als Beispiel sehen Sie auf der nächsten Seite einen solchen Grundriss.

Zeichnen Sie die Zwischenwände in Ihren Grundriss ein, so dass die einzelnen Zimmer erkennbar sind. Schreiben Sie »Wohnzimmer«, »Schlafzimmer« usw. hinein. Zeichnen Sie ein, wo sich der Wohnungseingang befindet. Deuten Sie – eventuell mit einem Farbstift – an, wo Fenster und Türen sind.

Stellen Sie die Himmelsrichtung fest

Stellen Sie sich mit einem Kompass so vor die Eingangstür Ihrer Wohnung, dass Sie hineinschauen. Halten Sie nun den Kompass in die Richtung, in der Sie Ihre Woh-

Alles lebt. Auch die Wohnung soll, wie unser Körper, eine gute energetische Versorgung haben. Wenn das Chi harmonisch zirkulieren kann, fühlen wir uns in der Wohnung wohl. Sie ist dann ein Ort des Schutzes und des Glücks.

**Wenn Sie die
für Sie günsti-
gen Himmels-
richtungen in
Ihrem tägli-
chen Leben
berücksichti-
gen, schaffen
Sie die Voraus-
setzungen für
Erfolg, Gesund-
heit, Familien-
glück und
Harmonie.**

nung betreten. Die Spitze der Kompassnadel zeigt nach Norden. Stellen Sie nun den Kompassring so ein, dass das N (für Norden) sich genau unter dieser Spitze befindet. Nun können Sie ablesen, in welche Richtung Ihr Wohnungseingang zeigt. Zeichnen Sie diese Richtung farbig in Ihren Grundriss ein.

Tragen Sie die anderen Richtungen ebenfalls auf dem Grundriss ein, so wie Sie es von Landkarten und Stadtplänen her kennen, ebenso Nordosten, Nordwesten, Südosten und Südwesten.

Zeichnen Sie die Wohnungssektoren ein

Legen Sie ein Blatt Transparentpapier über Ihren Grundriss, und zeichnen Sie darauf noch einmal den Umriss (ohne Zwischenwände) der Wohnung nach. Pausen Sie auch die Richtungspfeile mit ab.

Ziehen Sie nun den Grundriss unter dem Transparentpapier weg, und unterteilen Sie die Zeichnung auf dem Transparentpapier mit einem andersfarbigen Stift durch zwei Längs- und zwei Querstriche in gleichmäßige Abschnitte.

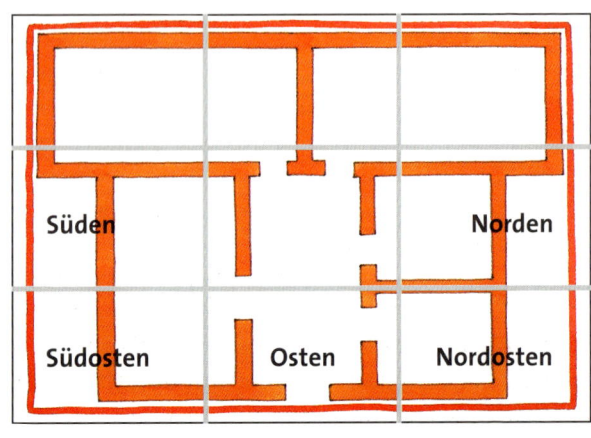

Die Glück bringenden Sektoren der Kennzahl 7, aufgelegt auf einen Wohnungsgrundriss.

Welches Kästchen liegt am weitesten in Richtung Westen? Das ist der Westsektor. Schreiben Sie ein W hinein. Derjenige Teil, der am weitesten nach Süden liegt, ist der Südsektor und erhält ein S usw.

Schreiben Sie in alle Abschnitte die Buchstaben für die verschiedenen Himmelsrichtungen, wie es in der Abbildung auf Seite 10 gezeigt ist.

Legen Sie nun das Transparentpapier wieder über Ihren Grundriss, und lesen Sie ab, welcher Teil Ihrer Wohnung der Westsektor ist, welches Zimmer im Nordsektor liegt usw. Schraffieren Sie Ihre günstigen Sektoren mit einem Farbstift. Die Abbildung auf Seite 10 zeigt als Beispiel die Sektoren Nordwesten, Südwesten, Nordosten und Westen.

Natürlich fallen die Grenzen der Sektoren nicht immer mit den Zimmerwänden zusammen; d. h., ein Zimmer kann kleiner sein als der Sektor, in dem es liegt. Ein Sektor kann zwei Zimmer enthalten; andererseits kann ein großes Zimmer sich auch über mehrere Sektoren erstrecken.

Wenn Ihre Wohnung einen L-förmigen Grundriss hat, ergänzen Sie das L zum Rechteck, und zeichnen Sie dann die Sektoren ein. Wo sich keine Zimmer befinden, fehlen dann die entsprechenden Sektoren in Ihrer Wohnung, nicht aber die betreffenden Richtungen.

Richtungsabweichungen

Das oben beschriebene Verfahren wird schwieriger, wenn Ihr Haus nicht nach einer der Haupthimmelsrichtungen ausgerichtet ist, sondern z. B. nach Südsüdwest zeigt. Dann verlaufen die Sektoren schräg zu den Zimmerwänden, und Sie müssen sehr sorgfältig nachmessen, um die Richtungen genau eintragen zu können. Wenn Sie Ihre günstigen Himmelsrichtungen nun wis-

Sie können Ihre Glücksrichtungen im Plan mit dem Wohnungsgrundriss fest eintragen. Sie vergessen dann weniger leicht, wo die günstigen Bereiche für Sie liegen.

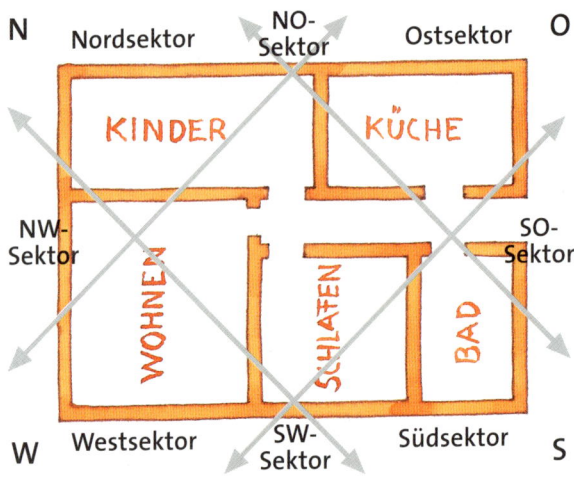

Dieser Fall ist häufig, aber eher problematisch: Die Wohnungswände liegen schräg zum Sektorenraster.

Versuchen Sie dies: Betrachten Sie jeden Quadratmeter der Wohnung unter dem Gesichtspunkt: »Welche Gefühle löst dieser Teil in mir aus?« Schaffen Sie dann Veränderungen.

sen, können Sie Ihr Wohlergehen beträchtlich erhöhen, indem Sie sich beim Schlafen und Essen, bei der Arbeit, bei Bewerbungen, Verhandlungen oder Prüfungen stets Ihre beste Himmelsrichtung zunutze machen.

Nachteilige Himmelsrichtungen

Das Feng Shui nennt für jeden Menschen auch vier Himmelsrichtungen, die für ihn weniger vorteilhaft sind, die sich nachteilig auswirken und Unglück, Unfrieden, Krankheit und Vernichtung bringen können. Diese sind aus der nachfolgenden Tabelle zu ersehen. (Bei der Kennzahl 5 sind die nachteiligen Himmelsrichtungen für Männer und Frauen verschieden, bei den übrigen Kennzahlen sind sie gleich.)

Unglück: Dies ist die am wenigsten gefährdende Himmelsrichtung. Hier handelt es sich um Unfälle und unerfreuliche Ereignisse, die aber nicht existenzbedrohend sind. Sie können z. B. etwas Geld verlieren oder einen Prozess, wenn Ihr Bett in diese Richtung zeigt.

Unfrieden: Wenn Ihre Haus- oder Wohnungstür in diese Richtung zeigt, gibt es viel Streit in Ihrem Haushalt und am Arbeitsplatz, eventuell auch Brände oder Einbrüche und Verletzungen.

Krankheit: Diese Richtung kann ernsthaft die Gesundheit und den Arbeitsplatz gefährden. Chronische Krankheiten, gestörtes Wohlbefinden und Rechtsstreitigkeiten sind zu erwarten.

Vernichtung: Dies ist die allerungünstigste Richtung für Sie. Wenn Ihre Haustür in diese Richtung zeigt, wird alles in Ihrem Leben zu Ihren Ungunsten verlaufen, Sie können Ihre Nachkommen verlieren, Ihr Einkommen und Ihre Gesundheit. Vermeiden Sie diese Richtung in jedem Fall. Sie kann tödlich wirken.

Die negativen Auswirkungen vom Leben und Arbeiten in den falschen Himmelsrichtungen spüren Sie vielleicht nicht konkret. Aber Sie fühlen sich möglicherweise unwohl.

UNGÜNSTIGE HIMMELSRICHTUNGEN

Ihre Kennzahl	IHRE RICHTUNG FÜR			
	Unglück	Unfrieden	Krankheit	Vernichtung
1	W	NO	NW	SW
2	O	SO	S	N
3	SW	NW	NO	W
4	NW	SW	W	NO
5 *für Männer*	O	SO	S	N
5 *für Frauen*	S	N	O	SO
6	SO	O	N	S
7	N	S	SO	O
8	S	N	O	SO
9	NO	W	SW	NW

Kennzeichen Sie die vier nachteiligen Wohnungssektoren in Ihrer Zeichnung mit einem anderen Farbstift.

Die Nutzung der Himmelsrichtungen

Die vier ungünstigen Himmelsrichtungen stehen unter den Aspekten »Unglück«, »Unfrieden«, »Krankheit« und »Vernichtung«. Dies soll keine Ängste auslösen – Sie können sich aber viel Gutes tun, wenn Sie sich um günstige Richtungen kümmern.

Für Glück und Erfolg im Leben ist die Ausrichtung Ihrer Wohnung von ausschlaggebender Bedeutung, allen voran die Stellung des Betts, des Herds, des Schreib- oder Arbeitstischs und die Lage von Bad und Toilette. Die hier wiedergegebenen Regeln der Kompassschule beruhen u. a. auf den Lehren des Großmeisters Jap Cheng Hay, die in den Büchern seiner Schülerin Lillian Too ausführlich und mit vielen Beispielen dargelegt sind.

Das Bett soll möglichst im Erfolgssektor Ihrer Wohnung stehen, das Kopfende soll in die Gesundheitsrichtung zeigen, und die Schlafzimmertür soll so liegen, dass man in die Gesundheitsrichtung hinausgeht. Wenn das nicht möglich ist, sollen Sektor, Bettausrichtung und Ausgangsrichtung einer der anderen drei Glück bringenden Richtungen angehören.

Ein Beispiel: Für die Inhaberin der unten abgebildeten Wohnung ist der Süden die Gesundheitsrichtung. Ihr Bett steht im Südsektor mit dem Kopfende in Richtung

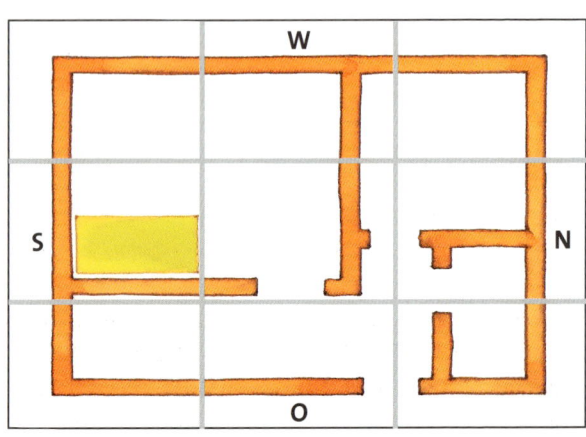

Günstig: Das Bett zeigt in die Gesundheitsrichtung; in diesem Fall Süden.

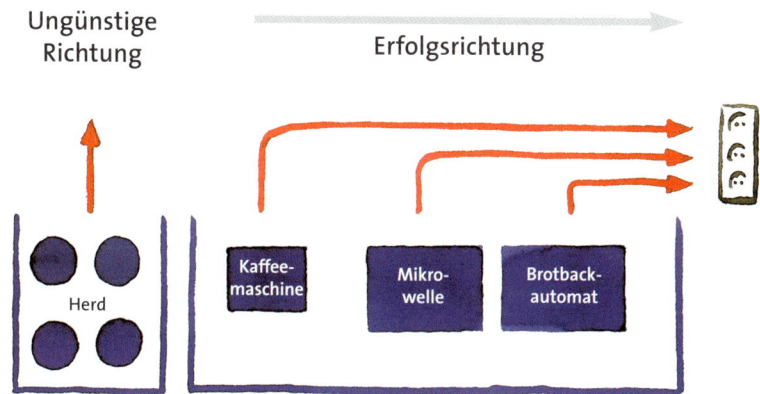

Süden, sie verlässt das Zimmer jedoch durch die Tür in Richtung Osten. Osten ist ihre drittbeste Richtung.

Der Herd: Der ausschlaggebende Punkt des Herds war früher allgemein das Feuerloch, durch das er mit Holz oder Kohle versorgt wurde. In unserer westlichen Zivilisation, wo überwiegend auf Gas- oder Elektroherden gekocht wird, ist die Stelle ausschlaggebend, wo der Strom bzw. das Gas in den Herd eintritt. Wenn diese Stelle in Ihre Erfolgsrichtung zeigt, werden Sie wohlhabend; zeigt sie in die Gesundheitsrichtung, werden Sie sich körperlich wohl fühlen, und zeigt sie in die Familienrichtung, werden Sie ein harmonisches Familienleben haben. Zeigt die Anschlussstelle jedoch in eine Ihrer nachteiligen Richtungen, wird es Ihnen nicht so gut gehen. Versuchen Sie also, Ihren Herd in eine der Glück bringenden Richtungen zu drehen. Wenn Sie viel Kaffee trinken, ist es auch wichtig, dass der Steckeranschluss Ihrer Kaffeemaschine oder Ihres Wasserkochers in eine vorteilhafte Richtung zeigt. Beim Grillgerät, dem Mikrowellengerät oder dem Brotbackautomaten sollten die Anschlüsse in dieselbe Richtung zeigen. Da

Längere Anschlusskabel ermöglichen es, Elektrogeräten die Orientierung in eine günstige Richtung zu geben.

Die Ausrichtung des Betts ist nicht zuletzt deshalb von ausschlaggebender Bedeutung, da Sie etwa ein Drittel Ihres Lebens in ihm verbringen.

diese Geräte leichter zu bewegen sind, müsste sich das eigentlich immer bewerkstelligen lassen.

Der Arbeitstisch: Ihr Schreib- oder Arbeitstisch soll so stehen, dass Sie bei der Arbeit in Ihre Erfolgsrichtung blicken. Ausführliche Hinweise dazu finden Sie im folgenden Kapitel »Feng Shui am Arbeitsplatz«. Die Hausfrau, die in der Küche das Essen zubereitet, sollte dabei ebenfalls in eine Glück bringende Richtung schauen, am besten ist die Harmonierichtung, weil diese auch das klare Denken und das innere Wachstum fördert. Das Gleiche gilt für die Werkbank im Hobbyraum oder das Pult, an dem Ihr Kind seine Hausaufgaben macht.

Der Wohnungseingang soll so liegen, dass Sie beim Hinaustreten in Ihre Erfolgsrichtung oder eine andere der Glück bringenden Richtungen gehen. Zu berücksichtigen sind dabei zusätzliche negative Faktoren in der Umgebung des Hauses, wie z. B. Sackgassen, Fabrikschornsteine, Schnellstraßen, Mauern oder hohe Bäume, die im nächsten Kapitel ausführlich behandelt werden.

Die Stellung von Herd und Arbeitstisch sind wesentlich für Ihr Wohlergehen. Mit der Nahrung führen Sie sich stoffliche Energie zu, und Ihr Erfolg hängt nicht zuletzt davon ab, wie gut Sie Ihre Arbeit verrichten können.

Umbenennung des Haupteingangs

Petra S. hat die Kennzahl 2. Die Eingangstür ihrer Wohnung zeigt nach Norden, für sie die Richtung »Vernichtung«. Petra hat viel unter unerfreulichen Vorkommnissen zu leiden. Nach einiger Zeit wird die Nachbarwohnung frei, und Petra ist die Einzige, die den Hausflur und die Hauseingangstür benutzt. Petra macht ihn in ihrer Vorstellung zum Teil ihrer Wohnung, so dass jetzt die Haustür ihre »Wohnungstür« ist. Diese aber zeigt nach Westen, d. h. in ihre Glück bringende Richtung »Gesundheit«. Man muss dann aber beachten, dass sich damit nicht nur die Größe, sondern auch die Grenzen der einzelnen Bereiche innerhalb der Wohnung verschieben.

WC als Problembereich

Die Toilette ist im Feng Shui ein problematischer Raum, da in ihr das Chi der Wohnung fortgespült wird. Sie sollte daher am besten in einem der nachteiligen Wohnungssektoren liegen, damit das dort herrschende ungünstige Chi weggespült wird. Ein Beispiel: Wenn die Kennzahl der Wohnungsinhaberin 2 ist und ihre Toilette im Nordsektor liegt, also in ihrer ungünstigsten Richtung, ist das für sie von Vorteil, denn so heben die ungünstigen Einflüsse sich gegenseitig auf.

Es sollte zu einer guten Gewohnheit werden, stets den Toilettendeckel zu schließen.

Ihre Checkliste

Tragen Sie in die erste Spalte Ihre vier günstigen und Ihre vier ungünstigen Himmelsrichtungen untereinander ein.

Kreuzen Sie dann unter »Wohnungstür« an, in welchem Sektor (SE) Ihre Wohnungstür liegt und in welche Himmelsrichtung (HI) sie zeigt. Kreuzen Sie auch für Ihr Bett, den Herd und Ihren Arbeitsplatz in der Wohnung jeweils den betreffenden Sektor und die Himmelsrichtung an. Nehmen Sie einen roten Stift, wenn Tür etc. in einem günstigen Sektor liegen oder in eine günstige Richtung zeigen, und einen schwarzen Stift, wenn Tür etc. in einem ungünstigen Sektor liegen oder in eine ungünstige Richtung zeigen.

Meine Richtungen		WOHNUNGSTÜR SE	HI	BETT SE	HI	HERD SE	HI	ARBEITSPLATZ SE	HI
Erfolg	—	❏	❏	❏	❏	❏	❏	❏	❏
Gesundheit	—	❏	❏	❏	❏	❏	❏	❏	❏
Familie	—	❏	❏	❏	❏	❏	❏	❏	❏
Harmonie	—	❏	❏	❏	❏	❏	❏	❏	❏
Unglück	—	❏	❏	❏	❏	❏	❏	❏	❏
Unfrieden	—	❏	❏	❏	❏	❏	❏	❏	❏
Krankheit	—	❏	❏	❏	❏	❏	❏	❏	❏
Vernichtung	—	❏	❏	❏	❏	❏	❏	❏	❏

CHAI, GÜNSTIG

Glück mit Geld	1
Ein Safe voller Juwelen	2
Sechs Arten von Glück	3
	4
Überfluss	5

PI, UNGÜNSTIG

Geldverluste	6
Rechtliche Probleme	7
	8
Unvorteilhafter Ortswechsel	9
Eventuelle Trennung	10

LI, UNGÜNSTIG

	11
Kleinere Unfälle	12
Geldverluste	13
Kontakt mit unehrenhaften Menschen	14
	15
Diebstähle	16

YI, GÜNSTIG

Glück mit Kindern	17
Unerwartetes zusätzliches Einkommen	18
	19
Ein sehr erfolgreicher Sohn	20
Erfolg	21

KWAN, GÜNSTIG

Leichtigkeit im Bestehen von Prüfungen	22
	23
Spezielles oder spekulatives Glück	24
Einkommensverbesserungen	25
Hohe Ehren für die Familie	26
	27

CHIEN, UNGÜNSTIG

Irgendeine Trennung	28
Einkommensminderungen	29
Verleumdungen	30
	31
Geldverluste	32

HAI, UNGÜNSTIG

Unangenehme Einflüsse durch höhere Gewalt	33
	34
Trennung	35
Krankheit	36
Streitigkeiten	37

PUN, GÜNSTIG

	38
Geldsegen	39
Glück in Prüfungen	40
Viele Juwelen	41
	42
Überschwänglicher Reichtum	43

Feng Shui am Arbeitsplatz

Die Ersten, die sich vor Jahrtausenden mit Feng Shui beschäftigten, waren chinesische Bauern, die Wind und Wasser beobachteten, um festzustellen, welchen Einfluss diese Naturkräfte auf das Reifen der Ernte ausüben. Feng Shui heißt wörtlich übersetzt »Wind und Wasser«. Die Menschen auf dem Land versuchten auch zu erkennen, welche Bedeutung die Lage eines Feldes für seinen Ertrag hatte. Die Regeln, die sie dabei fanden, wurden später von Kaufleuten übernommen und weiterverbreitet.

Vorteilhafte Himmelsrichtungen

Viele der Feng-Shui-Grundsätze kann man auf unsere heutige Arbeitswelt übertragen, obwohl es im alten China keine Supermärkte, Tankstellen oder Fabrikanlagen gab. Heute wird Feng Shui vor allem im Handel und in der Geschäftswelt angewandt. Die Feng-Shui-Berater in Taiwan, Hongkong und Singapur haben sehr viel zu tun. Die Erkenntnisse über die Kraft der Himmelsrichtungen sind überall gültig, im Restaurant, im privaten Zuhause, im Auto und im Büro.

Der Arbeitsplatz

Richten Sie Ihren Schreib- oder Arbeitstisch so aus, dass Sie bei der Arbeit in Ihre Erfolgsrichtung blicken. Auch die Kabeleingangsstellen an Ihrem Computer und an Ihrem Telefon sollten möglichst in Ihre Erfolgsrichtung weisen. Wenn dies nicht durchzuführen ist, nehmen

Räume, in denen viel gearbeitet wird, haben einen erhöhten Energieverbrauch. In Büros sind deshalb die Ausrichtungen und die Form der Schreibtische besonders wichtig.

Das Feng-Shui-Lineal: Rot ist positiv, grau negativ.

Sie werden umso mehr Erfolg haben, je mehr positives Chi in Ihren Arbeitsräumen zirkulieren kann. Machen Sie sich deshalb die Mühe, Ihren Arbeitsplatz optimal einzurichten.

Sie statt der Erfolgsrichtung Ihre Harmonierichtung; diese fördert besonders das klare Denken und die eigene Persönlichkeit.

Im Großraumbüro – ein Fallbeispiel

Renate F. hat die Kennziffer 7. Ihr Arbeitsplatz befindet sich im Nordsektor eines Großraumbüros, das ist für sie der Sektor »Unglück«.

Renate F. fühlt sich dort nicht wohl. Im Zuge personeller Veränderungen gelingt es ihr, sich einen Platz im Nordostsektor zu sichern; das ist für sie der günstigere Sektor »Familie«.

Beide Male geht ihr Blick in Richtung Süden, für sie die Richtung »Unfrieden«. Da sie nun in einer Ecke sitzt, kann sie ihren Tisch schräg stellen, ohne andere Mitarbeiter zu behindern. Nun blickt sie in Richtung Südwesten, d.h. in ihre Gesundheitsrichtung. Nach einiger Zeit spürt sie, dass sie sich jetzt im Büro deutlich wohler fühlt als vorher. Sie hat Freude an der Arbeit, und Reibereien mit den Kollegen haben aufgehört.

Erkundigen Sie sich ruhig einmal bei Ihren Kollegen, was sie von den vorgenommenen Veränderungen halten, wenn Sie Ihren Arbeitsplatz nach Feng Shui umgestaltet haben.

Stress im Beruf – ein Fallbeispiel

Roland S. hatte ständig Meinungsverschiedenheiten mit seinem Vorgesetzten und fürchtete, entlassen zu werden. Diese Situation belastete ihn sehr. Da er schon 50 Jahre war, waren die Aussichten auf eine andere Stelle im mittleren Management äußerst gering. Seine persönliche Kennzahl war 2, und sein Schreibtisch blickte nach Südosten, eine für ihn ungünstige Richtung, nämlich die Richtung »Unfrieden«. Nachdem Roland S. Feng Shui kennen gelernt hatte, dachte er, dass eine Umstellung des Schreibtischs nicht schaden könne, und er drehte den Tisch so, dass er jetzt nach Nordosten, in seine Erfolgsrichtung, schaute.

Das Ergebnis? Vielleicht ist es Zufall, aber der Vorgesetzte wurde kurz danach in eine andere Abteilung versetzt, und Roland S. arbeitet heute noch in der Firma.

In den Ecken sammelt sich häufig negative Energie. Ein Eckregal oder eine gesunde in die Ecke gestellte Pflanze kann für einen harmonischeren Fluss des Chi sorgen.

Erfolgsrichtung suchen

Aber nicht nur die Richtung ist wichtig, sondern auch der Sektor, in dem sich Ihr Arbeitsplatz oder Ihr Büro befindet. Versuchen Sie immer, in dem Sektor zu arbeiten, der Ihrer Erfolgsrichtung entspricht. Wenn Ihre Erfolgsrichtung also z. B. Norden ist, bemühen Sie sich um ein Büro an der Nordseite des Geschäftshauses oder um einen Tisch an der Nordseite des Büros. Als zweitbeste Richtung gilt auch hierfür die Harmonierichtung.

Wenn Ihre Erfolgsrichtung Südwesten ist, vermeiden Sie die Nordseite, und bemühen Sie sich, Ihren Arbeitsplatz in der südwestlichen Ecke Ihres Betriebs einzurichten. Die besten Erfolgsaussichten haben Sie, wenn Ihr Arbeitstisch sowohl in Ihrem Erfolgssektor steht als auch in Ihre Erfolgsrichtung zeigt, und wenn der Eingang des Raums ebenfalls in dieselbe Richtung weist.

Geschäftsreisen

Wenn Sie wichtige Verhandlungspartner besuchen, legen Sie Ihre Route so, dass Sie aus einer Ihrer günstigen Richtungen kommen. Nicht das Ziel soll in der günstigen Richtung liegen, sondern der Ausgangspunkt, weil man sagt, Sie brächten das Glück von zu Hause mit.

Auch Straßen und Eisenbahnlinien haben ein Chi. Wenn Sie auf ihnen reisen, bringen Sie Energie mit. Achten Sie deshalb darauf, dass das Chi nicht aus einer schlechten Richtung auf Ihren Bestimmungsort trifft.

Wenn Sie also von Hamburg nach München reisen, kommen Sie von Norden, und Norden sollte eine Ihrer günstigen Richtungen sein. Ist dies nicht der Fall, dann machen Sie einen Umweg, der Sie aus einer günstigeren Richtung dort ankommen lässt. Nehmen Sie z. B. das Flugzeug, so dass Sie vom Münchner Flughafen aus Nordosten die City anfahren. Oder übernachten Sie zunächst in Starnberg, und fahren Sie dann am nächsten Tag aus südwestlicher Richtung in die Stadt.

Ortswechsel

Wenn Sie an einen anderen Ort versetzt werden oder wenn Sie einen Ausbildungsplatz suchen, prüfen Sie, ob die neue Stadt von Ihrem Heimatort aus über eine güns-

Beeinflussen Sie Ihre Reiserichtung: Eine Kurve kurz vor der Ankunft kann eine günstige Richtung ins Spiel bringen.

tige Himmelsrichtung zu erreichen ist. Dann wird Ihr Leben dort glücklich und erfolgreich sein. Wenn Sie nur aus einer ungünstigen Himmelsrichtung dorthin kommen können, müssen Sie einen Aufenthalt an einem vorteilhafter gelegenen Ort dazwischenschalten.

Büroberufe

Die folgenden Regeln aus der Formenschule des Feng Shui müssen in jedem Fall beachtet werden, da sonst die günstigen Himmelsrichtungen nicht wirksam werden können.

Der Arbeitsplatz

Unabhängig von Ihrer Erfolgshimmelsrichtung sollte Ihr Schreib- oder Computertisch so stehen, dass Sie die Tür im Blickfeld haben. Wenn sich die Tür in Ihrem Rücken befindet, wissen Sie nicht, wer hereinkommt und was sich dort abspielt, Sie fühlen sich daher verunsichert. Hinter Ihrem Rücken sollte sich eine Wand befinden, die Ihnen Rückhalt und Unterstützung gibt. Falls das nicht möglich ist, versuchen Sie, durch eine Stellwand, ein halbhohes Regal oder eine Kübelpflanze eine Abgrenzung zu anderen Raumteilen herzustellen. Wenn sich in Ihrem Rücken ein Fenster befindet, stabilisieren Sie den dortigen Bereich durch Pflanzen oder andere Gegenstände auf der Fensterbank.

Computer

Die schädliche Strahlung von Computern und Büromaschinen können Sie durch Kristalle neutralisieren. Legen Sie bei der Arbeit an solchen Geräten immer einen oder mehrere Kristalle vor sich hin.

Arbeits- und Büroräume sollten in freundlichen Farben eingerichtet sein. Bei viel Computerarbeit ist Türkis empfehlenswert, da es Elektrosmog neutralisiert.

Die Beleuchtung

Sorgen Sie für eine gute, blendfreie Arbeitsbeleuchtung, damit Sie von Kopfschmerzen, Müdigkeit und Augenschäden bewahrt bleiben. Durch Jalousien oder Lampenschirme lässt sich die unmittelbare Lichteinstrahlung auf die Augen ausschalten. Zum Lesen oder zu feinmechanischen Arbeiten soll das Licht von hinten oben auf den Arbeitsplatz fallen.

Vorteilhafte Farben für Büros sind Türkis, weil es die Computerstrahlung neutralisiert, und Gelb, weil es das Denkvermögen anregt.

Vermeiden Sie im Eingangsbereich eckige, spitze, dunkle und erdrückend wirkende Möbelstücke. Eine freundliche Beleuchtung ist ebenfalls wichtig, um Ihre Besucher willkommen zu heißen.

Kaufleute und Selbstständige

Die Anforderungen an die Büroberufe sind oft ganz unterschiedlich zu denen von selbstständigen Gewerbetreibenden oder z. B. Mitarbeitern in Gaststätten.

Der Eingang

Der Inhaber oder Pächter sollte in jedem Fall darauf achten, dass der Eingang in seine Erfolgsrichtung zeigt; auch bei Marktständen und so genannten Fahrgeschäften auf Volksfesten gilt dieser Grundsatz.

Idas Marktstand – ein Fallbeispiel

Ida D. baut dreimal in der Woche ihren Gemüsestand auf dem ihr zugewiesenen Standplatz auf dem Wochenmarkt in B. auf, wo die zwei Hauptdurchgangswege sich kreuzen. Die Kasse befindet sich in der Mitte des nach Westen gerichteten Flügels des Marktstands. Ida blickt also bei der Annahme und Herausgabe von Geld und beim Verpacken der Ware nach Westen. Ihre Kennziffer ist 3. Daher ist Westen Idas ungünstigste Richtung, nämlich die Richtung »Vernichtung«. Sie fühlt sich schnell müde, gestresst, und ihr unterlaufen immer wieder Fehler. Ida stellt sich nun neuerdings hinter den anderen Flügel ihres Marktstands, so dass sie nach Süden blickt und die Kunden von Süden her vor sie hintreten. Süden ist Idas Erfolgsrichtung. Seither wirkt Ida frischer, leistungsfähiger und kompetenter, und das Verkaufen macht ihr jetzt richtig Spaß.

Die Kasse

Auch die Kasse soll in die Erfolgsrichtung blicken und im Erfolgssektor des Gebäudes stehen. Sie muss außerdem von dem Chi-Strom berührt werden, der die Kunden und damit den Reichtum durch das Geschäft führt. Sie darf also nicht in einer Chi-armen Ecke aufgestellt werden. Viele Feng-Shui-Berater empfehlen außerdem, neben der Geschäftskasse einige alte chinesische Münzen aufzuhängen. Sie haben ein viereckiges Loch in der Mitte, und man kann sie mit einem Glück bringenden roten Band aneinanderknüpfen.

Die Kasse sollte im Erfolgssektor platziert werden. Einige Feng-Shui-Berater empfehlen auch, in Kassennähe ein Aquarium oder einen kleinen Pflanzenbrunnen aufzustellen.

Feng Shui und Geschäft: Auch bei Marktständen ist die Ausrichtung des Ganzen und einzelner Teile von Bedeutung.

Die Kennzahl eines Gebäudes

Mit der Tabelle Seite 124ff. können Sie auch die Kennzahlen von Gebäuden ausfindig machen. Als Geburtsjahr gilt dabei das Baujahr bzw. das Jahr der Einweihung des Bauwerks. Wenn es sich um ein älteres Gebäude handelt, kann auch das Jahr der letzten großen Renovierung gewählt werden, in dem Teile des Hauses erneuert wurden.

Auch Gebäude haben ein Geburtsdatum und dementsprechend eine günstige und eine ungünstige Richtung.

Manche Feng-Shui-Berater folgen der Regel, dass es sich nur dann um eine umfassende Renovierung handelt, wenn auch das Dach erneuert wurde. Andere machen das nicht unbedingt zur Voraussetzung. Entscheidend ist wohl, ob sich der Charakter und die Bausubstanz des alten Gebäudes grundlegend verändert haben.

Wenn Sie das Baujahr bzw. Renovierungsjahr Ihres Hauses wissen, suchen Sie hinter dem Jahrgang und dem Tierkreiszeichen in der Tabelle das Kennzeichen in Spalte 4, weil Gebäude allgemein als weiblich gelten. Wenn Sie also die Kennziffer eines im Juni 1938 erbauten Hauses suchen, ist das Tierkreiszeichen der Tiger und die (weibliche) Kennziffer die 7.

Sektoren in einer Autowerkstatt – ein Fallbeispiel

Im Büro einer Autoreparaturwerkstatt lagen der Eingang und der Hinterausgang zur Werkstatt einander gegenüber. Dies war keine günstige Konstellation, da das Chi, das zur einen Tür hereinkam, sofort wieder zur anderen Tür hinausgeschleust wurde.

Die Kasse stand in der linken hinteren Ecke, wo so gut wie überhaupt kein Chi hingelangte. Um die Situation zu verbessern, wurde für das Büro eine gründliche Feng-Shui-Analyse vorgenommen.

Der Anbau, in dem das Büro sich befand, war im Oktober 1973 errichtet worden und hat demnach die (weibliche) Kennziffer 6. Günstige Himmelsrichtungen für die Kennziffer 6 sind Westen, Nordosten, Südwesten und Nordwesten. Die Kasse stand jedoch bisher im Südosten, dem Sektor »Unglück«. Die Inhaber entschieden sich dafür, sie in den Erfolgssektor des Gebäudes, nämlich den Westsektor zu verlegen. Sie wurde auf einem quer gestellten Aktenschrank installiert, der damit gleichzeitig ein Hindernis für das hereinströmende Chi bildete und es in die übrigen Teile des Raums leitete.

Zugangsmöglichkeiten

Da der Geschäftserfolg vom Zustrom der Kunden abhängt, soll das Geschäft gut sichtbar und gut erreichbar sein. Hinweisschilder und Schaufenster ziehen die Aufmerksamkeit an, und die Nähe einer Bus-, Straßenbahn- oder Eisenbahnstation führt viele Kunden an das Geschäft heran. Natürlich sollte ein großer, weit zu öffnender Eingang die Kundschaft zum Eintritt ermuntern. Dieser lässt gleichzeitig auch viel Chi herein.

Prüfen Sie mit dem Kompass, in welchem Sektor des Gebäudes sich die Eingangstür befindet. Wenn ein Nebeneingang günstiger liegt, machen Sie ihn zum Haupteingang.

Ausgehen mit Feng Shui: Auch in einer Bar kann es wichtig sein, sich Gedanken über günstige Himmelsrichtungen zu machen. Zufriedene, entspannte Gäste sind der Lohn.

Zufriedenheit der Kunden

Ein Restaurant wird umso mehr besucht, je wohler sich die Gäste fühlen. Die meisten suchen sich eine Ecke oder einen Platz an der Wand. Der Gastwirt tut gut daran, den zur Verfügung stehenden Raum durch Zwischenwände in kleinere Nischen zu unterteilen, so dass möglichst viele Kunden sich in ihrer Ecke geborgen fühlen.

Besucherinnen und Besucher im Restaurant haben gern eine Wand ihn ihrem Rücken. Sie vermittelt das Gefühl von Schutz. In den meisten Lokalen sind die Plätze an den Wänden zuerst besetzt. Auch Nischen und Unterteilungen sind beliebt.

Kaufmotivation

Kunden kaufen umso mehr, je größer das Angebot ist. Ihr Weg sollte also nicht geradewegs von der Ladentüre bis zur Hinterwand des Geschäfts führen, denn eine solche geradlinige Schneise übt eine unsichtbare Sogwirkung aus und zieht die Energie und damit den Kunden allzu schnell ans Ende des Raums. Die Regale und Tische sollten vielmehr so angeordnet sein, dass sie den Kunden auf gewundenen Wegen durch den Raum und zu allen Angeboten führen. Besondere Blickfänge, wie starkfarbige Gegenstände oder Auslagen auf Sondertischen, laden den Käufer überdies zum Verweilen ein.

Beleuchtung

Hier gilt dasselbe, was über die Beleuchtung in Bürogebäuden gesagt wurde: Natürliches Licht und frische Luft leiten Glück bringende Energie ins Haus. Daher ist die Geschäftslage in einem überdachten Einkaufszentrum, in dem den ganzen Tag lang bei künstlichem Licht gearbeitet wird, weniger günstig.

Je besser Regale und Tische beleuchtet sind, umso mehr sehen die Kunden. Der Geschäftsführer soll in dunklen Ecken Lampen aufstellen, denn Licht erzeugt auch Chi. Schaufenster sollen gut ausgeleuchtet sein, und ein Teil der Lampen soll über Nacht weiterbrennen. In Restaurants soll die Beleuchtung gedämpft, aber nicht so schwach sein, dass der Gast die Speisekarte nicht lesen kann. Durch geeignete Lampenschirme kann man dafür sorgen, dass die Gäste nicht geblendet werden.

Bewegung

Bewegung erzeugt Chi und regt Kaufwünsche an. Wir alle haben schon erlebt, dass wir magisch angezogen werden, wenn sich in einem Schaufenster etwas bewegt, ob das nun eine Spielzeugeisenbahn ist, ein nickender Kopf oder eine Laufschrift. Mit geringen Kosten lassen sich z. B. Miniplakatsäulen herstellen, die sich langsam drehen, von innen beleuchtet sind und auf aktuelle Angebote des Geschäfts verweisen.
Bewegtes Wasser ist ebenfalls eine Chi-Quelle. Daher sehen Sie in fast jedem China-Restaurant ein Aquarium. Diese oder auch Zimmerbrunnen steigern das Chi in Geschäftsräumen und Restaurants.

Bau- und Transportberufe

Wenn Sie beruflich viel unterwegs sind, vielleicht auch als Lkw-Fahrer, sollten Sie unbedingt beachten, was zu Anfang des Kapitels über Geschäftsreisen gesagt wurde. Suchen Sie sich auf Rastplätzen und in Raststätten möglichst einen Platz, der in einem für Sie günstigen Sektor liegt. Weiter ist zu bedenken, dass auf Plätzen dicht an der Autobahn das Chi mit großer Geschwindigkeit vorbeisaust, während es auf der verkehrsabgewandten Seite gemächlich dahinströmt und Zeit hat, in das parkende Fahrzeug hineinzukommen. Kraftfahrzeuge und die Fahrerkabinen von Zügen sind generell

Wasser symbolisiert das ewige Fließen des Lebensstroms. Auch Geld ist eine Form von Energie, die durch die Verwandtschaft mit dem Wasser angezogen wird.

Chi-arme Aufenthaltsorte, denn auch während der Fahrt kann das Chi wegen der hohen Geschwindigkeit nicht eindringen. Eine Verstärkung des vorteilhaften Chi erfährt das Innere des Wagens durch Schutzsymbole oder Maskottchen. Auch Musik aus dem Autoradio oder eine frisch geschnittene Blume am Armaturenbrett verstärken das Chi. Machen Sie auf jeden Fall regelmäßig Pausen, und tanken Sie außerhalb des Wagens frische Luft und frisches Chi. Bezüglich der Farbwahl bei der Innenausstattung lassen sich keine allgemeinen Regeln aufstellen. Wenn der Fahrer zur Nervosität neigt, sollte Rot vermieden und lieber eine kühlende Farbe, wie z. B. Blau, gewählt werden. Umgekehrt sollten Menschen, die beim eintönigen Fahren leicht ermüden, keine beruhigenden, sondern anregende Farben um sich haben. Wenn Sie Ihr Fahrzeug oder Ihre Baumaschine nach der Arbeit abstellen, tun Sie dies nach Möglichkeit in Ihrem Erfolgssektor mit dem Blick in Ihre Erfolgsrichtung.

Wenn Sie in Ihrem Auto ein Maskottchen mitführen wollen, sehen Sie zu, dass es Ihr Gesichtsfeld nicht stört. Am Rückspiegel baumelnde Gegenstände können Ihre Konzentration auf die Straße erheblich ablenken.

Das Hotelzimmer

In Hotelzimmern sammelt sich vielerlei Chi an, das von den unterschiedlichen und täglich wechselnden Gästen mitgebracht wird. Nehmen Sie hier unbedingt eine Raumklärung durch Händeklatschen vor; umso besser können Sie dann schlafen. (Eine Anleitung zur Raumklärung finden Sie am Ende dieses Kapitels.) Die zusätzliche Energetisierung durch die vier Elemente, wie sie ebenfalls in diesem Kapitel beschrieben wird, kann frisches Chi in den Raum bringen. Falls ein Spiegel direkt auf das Bett blickt, hängen Sie ihn mit einem Badetuch zu. Sie können mit diesen wenigen, aber sehr effektiven Mitteln des Feng Shui sicherstellen, dass Ihre Reise unter günstigen Zeichen steht.

Lehrende und pflegende Berufe

Als Lehrer/in, Kindergärtner/in, Therapeut/in, Krankenschwester/-pfleger, Tierpfleger/in u. Ä. tragen Sie in Ihrer Arbeit Verantwortung für andere Menschen. Stellen oder setzen Sie sich so – wann immer es geht –, dass Sie in Ihre Harmonierichtung blicken. Wählen Sie für Ihre Praxis oder Ihren Unterricht Räume in Ihrem Harmoniesektor, damit Sie im Einklang mit den Bedürfnissen der von Ihnen betreuten Menschen oder Tiere handeln. Vordringlich ist jedoch, dass Sie für solche Tätigkeiten möglichst ruhig liegende Räume aussuchen, damit Patienten sich entspannen und Lernende sich konzentrieren können.

In Krankenzimmern verbraucht sich das Chi sehr schnell, und in Kindergärten, Schulungsräumen, Untersuchungs- und Wartezimmern entsteht durch das Kommen und Gehen vieler Menschen eine Chi-Mischung, die nicht jedem bekommt. Reinigen Sie daher das Chi solcher Räume häufig in der Weise, wie es weiter unten beschrieben ist, am besten jeden Tag. Sie werden danach erfolgreicher arbeiten können.

Da Sie es in diesen Berufen hauptsächlich mit Menschen zu tun haben, ist für Sie auch all das wichtig, was im folgenden Kapitel über die zwischenmenschlichen Beziehungen gesagt wird.

Räume, in denen viele Menschen ein- und ausgehen, sollten täglich gereinigt werden. Lassen Sie frische Luft herein, sorgen Sie für Sauberkeit, und läutern Sie die Atmosphäre durch Händeklatschen, Glockenklänge oder durch ein Lied, das Sie singen.

Landwirtschaftliche Berufe

Als Landwirt/in, Tierzüchter/in, Gärtner/in und in verwandten Berufen sind Sie ebenfalls mit dem harmonischen Gedeihen in Abhängigkeit von den Umweltbedingungen befasst. Versuchen Sie, wann immer es möglich ist, in Ihre Harmonierichtung und in Ihrem Harmoniesektor zu arbeiten. Reinigen Sie das Chi in Ställen und Gewächshäusern.

Lesen Sie im Kapitel über die fünf Elemente, was dort über das Element Erde gesagt ist.

Auch Ställe und Gewächshäuser haben entsprechend ihrem Baujahr günstige und ungünstige Richtungen. Versuchen Sie, die Räume zu harmonisieren.

In der Ausbildung

Um Erfolg in Prüfungen und bei Bewerbungen zu haben, ist es wichtig, dass Sie Ihre Erfolgsrichtung kennen. Wenn also bei einem Bewerbungs- oder Prüfungsgespräch mehrere Stühle frei sind, nehmen Sie den, auf dem Sie in Ihre Erfolgsrichtung oder in eine andere Ihnen günstige Richtung schauen. Bei einer schriftlichen Prüfung und am besten während Ihrer ganzen Schul- und Studienzeit achten Sie darauf, dass Sie in Ihrem Erfolgssektor sitzen und möglichst in Ihre Erfolgsrichtung blicken. Umso besser werden die Ergebnisse für Sie ausfallen.

Leistungsdruck schon für Kinder und Jugendliche: Feng Shui kann helfen, ihn zu bewältigen.

Der Platz in der Schulklasse – ein Fallbeispiel

Hanno S. hat die Kennzahl 1, und seine günstigen Richtungen sind Südosten, Osten, Süden und Norden. Er hat seinen Platz in der Schulklasse jedoch im Südwestsektor, seiner Vernichtungsrichtung. Bei der nächsten Gelegenheit, als ein Platz frei wird, zieht Hanno daher an den Nachbartisch im Südsektor um. Das ist für ihn der Familiensektor. Seine Blickrichtung geht nach wie vor nach Norden, in seine Harmonierichtung. Nach einem Vierteljahr hat er die Chance, in den Südostsektor, seinen Erfolgssektor zu kommen. Am Ende des Schuljahrs hat sich sein Zeugnis ganz wesentlich verbessert.

Störfaktoren

Aus der Formenschule des Feng Shui sind bestimmte landschaftliche Gegebenheiten bekannt, die auf den geschäftlichen Erfolg nachteilig wirken. Sie sind unbedingt zu vermeiden, da alle günstigen Himmelsrichtungen nicht helfen können, wenn solche Störfaktoren am Werk sind und das günstige Chi ablenken oder sogar schädliches Chi auf ein Gebäude hinlenken.

Stellen Sie sich das Chi in seinen Bewegungen wie die Strömung von Wasser oder Rauch vor, die durch die Formen der Landschaft gelenkt wird. Dann werden Ihnen die folgenden Regeln verständlich.

Wenn Sie sich im Klassenzimmer oder im Hörsaal in Ihren Erfolgssektor setzen, kommt Ihnen weniger Energie abhanden. Sie können sich leichter konzentrieren.

Die Lage eines Betriebs

▶ Das Haus darf nicht am Kopfende einer Sackgasse oder an einer T-Kreuzung liegen, da auf einer Straße, die gerade auf das Haus zuläuft, nachteiliges Chi wie durch eine Schneise mit zunehmender Geschwindigkeit auf das Haus hingelenkt wird und durch seine Heftigkeit Schäden verursachen kann. Das gilt auch für Fabrikgebäude, Stallungen und andere Gebäude.

▶ Licht- oder Telegrafenmasten, auch Fabrikschornsteine oder Hochhäuser unmittelbar vor dem Gebäude senden schädigendes Chi aus und können dadurch Unglück oder Krankheit ins Haus bringen.

Schräge Dachflächen bündeln das Chi bis zu einer gefährlichen Konzentration.

▶ Nachteilig ist die Lage ebenfalls, wenn spitze Dachecken oder die Kanten von Pfeilern eines anderen Gebäudes verletzendes Chi sammeln und in Richtung auf das Geschäft oder den Laden lenken. Dabei müssen wir uns vorstellen, dass Chi-Ströme, die an hohen Gebäuden oder Dächern entlangfließen, sich an den Kanten und Ecken bündeln und zu einem pfeilartigen Strahl verdichten. Solche Strahlen können offenbar Löcher in das Chi des menschlichen Körpers bohren und sind deshalb gefährlich. Man nennt diese Strahlen auch Giftpfeile. Dieselbe Wirkung können auch Fernsehantennen oder Satellitenschüsseln haben, wenn sie auf das Haus gerichtet sind.

▶ Lichtmangel ist Chi-Mangel, und Chi-Mangel macht die Menschen krank. Gebäude in engen Gassen oder im Schatten von Hochhäusern erhalten zu wenig Licht und damit zu wenig Chi. Ebenso verhält es sich in überdachten Einkaufspassagen, in denen ständig mit elektrischem Licht ausgeleuchtet wird.

Am meisten Chi erhalten Gebäude, die an einer breiten Straße oder »auf der grünen Wiese« liegen und große Fenster haben. Die Fenster sollen sauber und höchstens mit kleinen Objekten oder Pflanzen verstellt sein.

Ein Spiegel kann den auf ihn treffenden Pfeil nach oben ablenken. Der Spiegel soll den Pfeil aber nie auf das andere Haus zurückwerfen.

▶ Berge oder hohe Gebäude vor dem Geschäftshaus blockieren günstiges Chi. Dagegen ist hinter dem Geschäftshaus ein Berg oder ein Hügel von Vorteil, weil er Rückhalt und Schutz gibt. Wenn ein Geschäftshaus zwei Eingänge hat, lässt sich eine ungünstige Lage ins Gegenteil verkehren.

Ihre Checkliste

Wenn Sie eine neue Arbeitsstätte suchen, sollten Sie sich die folgenden Fragen stellen. Im Idealfall sollten Sie die ersten vier Fragen mit Ja, die übrigen mit Nein beantworten können.

1 Schaut der für mich vorgesehene Arbeitsplatz in eine für mich günstige Himmelrichtung oder lässt er sich in eine solche Richtung drehen?

2 Liegt der für mich vorgesehene Arbeitsplatz in einem für mich günstigen Sektor des Gebäudes oder lässt er sich in einen solchen Sektor verlegen?

3 Weist der Eingang zu meinem Arbeitsraum in eine für mich günstige Richtung?

4 Erhält mein Arbeitsplatz viel Tageslicht von draußen?

5 Liegt das Gebäude am Ende einer Sackgasse oder am Kopf einer T-Kreuzung?

6 Stehen vor dem Fenster, das meinem Arbeitsplatz am nächsten liegt, Telegrafenmasten, Farbikschornsteine, oder zeigen spitze Dachecken auf das Fenster?

7 Befindet sich ein Berg oder ein hohes Haus vor dem Gebäude?

8 Führt ein Fluss oder eine Schnellstraße hinter dem Gebäude vorbei?

9 Liegt die Arbeitsstätte in unmittelbarer Nähe eines Krankenhauses, einer Polizeistation, eines Gefängnisses, eines Gerichtsgebäudes, einer Friedhofskapelle, eines Spielkasinos?

Chinesen in Hongkong sind vor der schädlichen Kraft der Dachpfeile so überzeugt, dass sie Inhaber benachbarter Gebäude vor Gericht anklagen, sie wollten sie schädigen.

Dann kann man den Hintereingang zum Vordereingang ernennen, so dass die ursprüngliche Rückseite nun die Vorderseite ist, und die ursprüngliche Vorderseite (mit dem Berg) nun die Rückseite. So entspricht das Haus dann der Glück bringenden Regel, wobei allerdings auch wirklich der Hintereingang als Haupteingang benutzt werden muss.

▶ Fließendes Wasser hinter einem Geschäftshaus ist von Nachteil; vor dem Haus jedoch ist ein langsam fließender Fluß oder Bach günstig, weil er Chi zum Haus hinführt. In der Stadt kann auch eine Straße eine ähnliche Wirkung haben, wenn sie nicht zu verkehrsreich ist und die Fahrzeuge nicht zu schnell fahren. Eine Fußgängerzone ist ideal.

▶ Arbeitsstätten in der Nachbarschaft von Gefängnissen, Gerichtsgebäuden, Krankenhäusern, Polizeistationen, Friedhofskapellen, Kasernen und Spielkasinos liegen ungünstig, weil solche Institutionen das Chi mit Ängsten, Aggressionen und Verzweiflung aufladen, die sich dann in der Nachbarschaft ausbreiten. Wenn Sie beruflich in einem solchen Gebäude arbeiten, ist es besonders wichtig, dass Sie sich anderweitig mit viel ausgleichendem Chi versorgen (siehe dazu das Kapitel »Feng Shui und Gesundheit«).

Viele erfolgreiche Menschen umgeben sich mit Wasser: Sie haben beispielsweise kleine Bäche, Teiche oder Schwimmbecken im Garten, bauen ihr Haus am See oder am Lauf eines Flusses oder verbringen den sommerlichen Urlaub am Meer.

Das Chi verbessern

Wenn die Lage eines Arbeitsplatzes wirklich ungünstig ist und sich dies auch in den Arbeitsergebnissen zeigt, sollte man unbedingt den Arbeitsplatz wechseln. Wenn dies nicht sofort möglich ist, kann man die nachteiligen Einflüsse durch verschiedene Maßnahmen entschärfen, nämlich:

▶ Durch Einsatz bestimmter Feng-Shui-Hilfsmittel
▶ Durch die Wahl günstiger Abmessungen
▶ Durch die häufige Reinigung des Chi

Glück bringende Abmessungen

Das Feng Shui kennt günstige und ungünstige Maße für Gebrauchsgegenstände. Der Legende nach wurden sie von einem Zimmermann des Kaisers entdeckt, der sie benutzte, um damit seine Arbeiten im kaiserlichen Palast und in den kaiserlichen Privatgemächern zu verbessern und so das höchstmögliche Glück des Kaisers und seiner Familie zu fördern.

Sie können sich leicht ein Metermaß anfertigen, auf dem diese Feng-Shui-Maße eingetragen sind. Es zeigt auf einen Blick, ob ein Tisch, ein Fenster, ein Schrank oder sonst ein Möbelstück oder Gerät annehmbare Dimensionen hat.

Länge, Höhe und Breite eines Gegenstands können Glück oder Nachteile bringen.

Die meisten chinesischen Tischler besitzen so ein Feng-Shui-Lineal, das sie bei der Herstellung von Möbeln benutzen. Wenn Sie erst einmal mit dem Gebrauch vertraut sind, können Sie es überall anwenden. Außer Möbeln können Sie damit auch Visitenkarten, Briefumschlägen, Notizblöcken oder Schreibpapier ebenso wie Kissen, Teppichen und Gardinen sowie anderen Dingen des persönlichen Gebrauchs ein günstiges Format geben (siehe Abbildung auf Seite 18).

Die Abschnitte und Unterabschnitte haben folgende Namen und Bedeutungen:

▶ Glück (von 0 bis 54 Millimeter)

Glück mit Geld, ein Safe voller Juwelen, sechs Arten von Glück, Überfluss

▶ Krankheit (von 54 bis 108 Millimeter)

Krankheit, Geldverluste, rechtliche Probleme, unvorteilhafter Ortswechsel, eventuell Trennung

▶ Trennung (von 108 bis 162 Millimeter)

Kleinere Unfälle, Geldverluste, Sie werden mit unehrenhaften Leuten zu tun haben, Diebstähle

▶ Helfer (von 162 bis 216 Millimeter)

Glück mit Kindern, unerwartetes zusätzliches Einkommen, ein sehr erfolgreicher Sohn, Erfolg

▶ Power (von 216 bis 270 Millimeter)

Leichtigkeit im Bestehen von Prüfungen, spezielles oder spekulatives Glück, ein verbessertes Einkommen, hohe Ehren für die Familie

▶ Schaden (von 270 bis 324 Millimeter)

Irgendeine Trennung, Einkommensminderungen, Verleumdungen, Geldverluste

▶ Verletzung (von 324 bis 378 Millimeter)

Unangenehme Einflüsse durch höhere Gewalt, Trennung, Krankheit, Streitigkeiten

▶ Kapital (von 378 bis 432 Millimeter)

Viel einkommendes Geld, Glück in Prüfungen, viele Juwelen, überschwenglicher Reichtum

Jedes Längen- oder Breitenmaß sendet eine bestimmte Schwingung aus, die sich wiederum mit dem Umfeld eines Menschen verbindet.

Das Feng-Shui-Metermaß enthält acht sich wiederholende Maßabschnitte, von denen vier günstig und vier ungünstig sind. Jeder Abschnitt misst 5,4 Zentimeter und ist in vier Unterabschnitte zu je 1,35 Zentimeter eingeteilt. Welche von den Abschnitten günstig und welche ungünstig sind, können Sie leicht erkennen. Hinter dem achten Abschnitt beginnt der Zyklus wieder von vorn mit Glück, günstig von 43,2 bis 48,6 Zentimeter. Und es folgen Krankheit, ungünstig von 48,6 bis 54 Zentimeter usw. bis 86,4 Zentimeter. Wenn der zu messende Gegenstand größer ist als 86,4 Zentimeter, müssen Sie das Feng-Shui-Lineal danach öfter anlegen, wie z. B. bei einem Bett oder Schrank, einer Tür, einem Fenster oder einem Teppich, oder natürlich auch bei den Maßen Ihres Hauses und Ihres Gartens.

Anfertigung eines Feng-Shui-Metermaßes

Nehmen Sie ein normales Metermaß oder Lineal, und tragen Sie die oben genannten Abschnitte darauf ein. Färben Sie die günstigen Abschnitte rot oder gelb und die ungünstigen grau. Probieren Sie das Metermaß aus, indem Sie die Breite eines Tischs messen: Legen Sie die 0 an der einen Tischkante an, und schauen Sie, ob die gegenüberliegende Kante in einen roten Abschnitt fällt, dann ist die Breite günstig. Wenn die Kante in einem grauen Abschnitt liegt, ist die Breite ungünstig.

Jedes normale Lineal kann in ein Feng-Shui-Lineal verwandelt werden. Es wird Ihnen helfen, Ihre Wohn- und Arbeitsumgebung günstig auszurichten.

Hilfen bei ungünstigen Maßen

Achten Sie beim Kauf von neuen Möbeln oder auch Gardinen und Tischdecken in Zukunft auf die Maße. Lillian Too, die eine sehr erfolgreiche Geschäftsfrau ist,

Ihre Checkliste

Tragen Sie die wichtigsten Maße Ihrer Umgebung in die nachstehende Tabelle ein. Nehmen Sie einen roten Stift für die günstigen und einen schwarzen für die ungünstigen Maße. Überlegen Sie, wie Sie die ungünstigen Maße ändern können.

	Länge	Höhe	Breite	Änderungsmöglichkeit
Bett	–	–	–	–
Arbeitstisch	–	–	–	–
Arbeitsstuhl	–	–	–	–
Schrank	–	–	–	–
Lieblingssessel	–	–	–	–
Zimmer (Büro)	–	–	–	–
Zimmertür	–	–	–	–
Visitenkarte	–	–	–	–
Wohnungstür	–	–	–	–

erzählt in ihrem Buch, dass sie sich für ihr neues Büro einen Schreibtisch in günstigen Maßen eigens hat anfertigen lassen, weil ihr der Erfolg ihres Unternehmens wichtig war.

Einen Arbeitstisch mit ungünstigen Maßen können Sie durch Auflegen einer zweiten Arbeitsplatte oder Unterlegen von Leisten unter die Standfläche erhöhen, Stühle durch Auflegen von Kissen. Sie können Stühle und Tische niedriger machen, indem Sie ein Stück von den Beinen absägen. Schränke oder Kommoden können Sie verbreitern, indem Sie an die Rückwand Styroporplatten kleben.

Viele der heute im Möbelhandel erhältlichen Einrichtungsstücke sind in ungünstigen Maßen angefertigt. Sie wirken sich nachteilig bei Arbeit und Erholung aus. Ungünstige Abmessungen lassen sich durch einige Tricks verbessern.

Die Reinigung des Chi

Wie das Wasser kann auch stagnierendes, abgestandenes Chi schlecht werden, schädliche Miasmen ausstrahlen und die Arbeit und den Erfolg erheblich behindern. Wenn in einem Gebäude Zwistigkeiten geherrscht haben, wenn kranke oder unglückliche Menschen sich dort aufgehalten haben oder wenn in Räumen mit Publikumsverkehr ein ständiges Kommen und Gehen und damit ein ständiger Wechsel des Chi stattfindet, so sammeln sich diese Schwingungen und setzen sich fest. Sie können sich vielfach negativ auf Ihr Wohlbefinden auswirken. Fast alle Völker kennen uralte Rituale, um die Atmosphäre zu reinigen und zu erneuern. Einige davon haben Karen Kingston und Denise Linn zu einem wirksamen »Werkzeug« zusammengestellt, das hier beschrieben werden soll.

Die Räume sollen zu Beginn der Zeremonie sauber und aufgeräumt sein, denn Schmutz jeder Art hält die Energien fest.

Überlegen Sie sich vor der Zeremonie, was Sie sich für die zu reinigenden Räume wünschen, und schreiben Sie es auf. Machen Sie daraus einen Leitsatz, z. B. »Fairness und Erfolg werden in diesen Räumen herrschen.«

Reinigung durch Händeklatschen

Beginnen Sie innen beim Haupteingang des Büros oder Geschäfts. Wenn Sie nur einen Raum reinigen, z. B. Ihr eigenes Büro, beginnen Sie bei der Tür.

Gehen Sie an der Wand entlang, und klatschen Sie dabei in die Hände. Klatschen Sie über Ihrem Kopf und zu Ihren Füßen, besonders aber in den Ecken. Sagen Sie dabei immer wieder den Leitsatz. Wenn in einer Ecke oder unter einem Möbelstück das Klatschen flach und resonanzlos klingt, zeigt dies, dass an der Stelle gestautes Chi sitzt. Klatschen Sie für einige Sekunden nur an dieser Stelle. Wenn das Chi wieder im Fluss ist, klingt das Klatschen voll und resonant.

Gehen Sie weiter an den Wänden entlang, auch durch die Mitte des Zimmers und über die Schwelle zum nächsten Raum. Gehen Sie dort und in allen weiteren Räumen genauso an den Wänden entlang, bis Sie wieder beim Eingang angekommen sind.

Achten Sie bei Ihrem reinigenden Weg durch die Räume darauf, dass Sie keine größeren Stellen auslassen.

Dies ist der wichtigste Teil der Reinigung; alle folgenden Übungen sind verstärkende Zusätze, die im Notfall auch weggelassen werden können.

Spülen Sie nach diesem Durchgang Ihre Hände unter fließendem Wasser gründlich ab, weil häufig altes Chi daran haften bleibt, das Ihnen nicht nur unangenehm ist, sondern schaden könnte.

Ausschmückung

Um der Zeremonie mehr Gewicht zu geben, können Sie sie mit einer Tischdecke, Blumen, Kerzen oder Teelichtern und Räucherstäbchen ausschmücken. Diese Gegenstände benötigen Sie auch für die erweiterte Form der Zeremonie, wie sie nachfolgend geschildert wird. Legen Sie das Tischtuch auf einen Tisch oder Hocker in der Mitte der Etage an einem zentralen Platz, von dem aus möglichst alle Räume einzusehen sind. Ordnen Sie die übrigen Gegenstände auf dem Tischtuch kreisförmig an. Dazu gehört auch eine Glocke, eine Untertasse mit Salz und eine Schale mit sauberem Wasser. Karen Kingston schlägt vor, jede Kerze auf einen Untersetzer für sich zu stellen und mit Blütenblättern zu umgeben. Bringen Sie die Teller mit den Kerzen und Blütenblättern in die verschiedenen Räume, und zünden Sie die Kerzen und Räucherstäbchen an.

Alle Schlag-, Blas-, Streich- und Zupfinstrumente sind zur Raumreinigung geeignet. Es sollte darauf geachtet werden, dass die Töne hell und harmonisch klingen.

Reinigung mit Instrumenten

Nehmen Sie die bereitgestellte Glocke oder ein anderes Instrument, und tönen Sie damit in jede Ecke der Wohnung. Der Klang wirkt ebenfalls reinigend. Gehen Sie dabei denselben Weg wie vorher beim Händeklatschen. Arbeiten Sie auch diesmal konzentriert, und sprechen Sie fortlaufend den Leitsatz. Wenn die Töne dumpf und flach klingen, befindet sich an der betreffenden Stelle noch gestautes Chi. Klingt das Instrument voll und klar, ist das Chi im Fluss.

Versiegelung

Versiegeln Sie nun die gereinigten Räume. Stellen Sie sich dazu aufrecht an die Ecke links von der Eingangstür, und heben Sie Ihren rechten Arm senkrecht hoch, so dass er zur Zimmerdecke zeigt. Senken Sie ihn zügig parallel zur Wand nach unten, bis er zum Fußboden zeigt. Die so bestrichene Wand ist damit versiegelt und energetisch sauber; ungünstiges Chi kann sich nicht so schnell in ihr festsetzen. Tun Sie dasselbe mit allen anderen Wänden.

Die Erneuerung des Chi

Sie können die Reinigungszeremonie durch folgende Erneuerungszeremonie ergänzen, mit der Sie sich den Schutz der Elemente für Ihre Wohnung sichern. Die vier Elemente sind Erde (vertreten durch Steinsalz), Feuer, Wasser und Luft (vertreten durch Rauch von Räucherstäbchen). Sie können auch nur ein Element anrufen, das Sie für besonders wirksam halten oder mit dem Sie sich besonders verbunden fühlen.

Die Reinigungsübungen ersetzen abgestandenes durch frisches Chi. Sie werden sich in den geläuterten Räumen sofort wohler fühlen.

Erde

Streuen Sie bei einem weiteren Rundgang durch die Wohnung eine Prise Salz vor sich auf den Boden und in jede Ecke. Das Salz repräsentiert das Element Erde, da es ja – als Steinsalz – aus der Erde kommt. Machen Sie nach Ihrem Rundgang ein paar Minuten Pause, damit das Chi sich wieder setzen kann.

Feuer

Gehen Sie mit einer angezündeten Kerze oder einem brennenden Teelicht in der Wohnung umher, und leuchten Sie in jede Ecke. Bringen Sie damit das Element

Feuer an alle Grenzpunkte eines Raums. Vergessen Sie nicht, Ihren Leitsatz dabei zu sprechen. Empfehlen Sie bei Ihrem Rundgang jeden Raum dem Schutz dieses Elements.

Luft

Nehmen Sie nach einer Pause wieder denselben Weg, und verteilen Sie überall den Geruch der Räucherstäbchen. So kann sich das Element Luft in Ihrer Wohnung wohl fühlen. Räucherstäbchen gibt es in allen möglichen Duftvarianten in Esoterikläden zu kaufen. Am saubersten sind diejenigen Produkte, deren Aufschrift klar erkennen lässt, welchen Duftstoff sie hauptsächlich enthalten, also z. B. »Jasmin«, »Weihrauch« oder »Wacholder«. Phantasiemischungen wie »Morgenlicht« oder »Ekstase« eignen sich für Büroräume weniger gut. Sie können je nach Zusammensetzung die Innenschau oder eine romantische Stimmung fördern, sind aber dem konzentrierten Arbeiten hinderlich.

Konzentrieren Sie sich bei jedem Rundgang erneut auf Ihren Leitsatz. Sie können ihn aussprechen oder auch mit stiller Kraft und Liebe daran denken.

Wasser

Machen Sie nach einer weiteren Pause Ihren letzten Rundgang, und sprengen Sie mit den Fingerspitzen Wasser aus der bereitgestellten Schale in alle Ecken und natürlich auch in die Mitte der Räume. Am besten eignet sich dazu frisches Quellwasser. Sonst nehmen Sie Wasser aus der Leitung, das Sie einige Zeit haben laufen lassen, auch das enthält verhältnismäßig viel Chi. Sie können dem Wasser auch einige Tropfen einer Bach-Blütenlösung aus der nebenstehenden Tabelle zusetzen. Von besonderer energetischer Qualität sind Heilwässer verschiedenster Art. Wie auch immer Sie Ihr Wasser aufbereiten, nehmen Sie dazu frisches Wasser, denn abgestandenes Wasser würde das Chi trüben.

Das Ergebnis der Reinigung

Sie werden unmittelbar nach der Zeremonie wahrscheinlich feststellen, dass der gereinigte Raum heller und klarer wirkt. Warten Sie jedoch einige Stunden ab, erst dann – oder noch besser am nächsten Tag – wird die endgültige Wirkung so recht spürbar. Schließlich haben Sie allerlei Chi aufgewirbelt, und das braucht Zeit, sich wieder zu setzen und zu einer neuen Harmonie zu finden. Übereinstimmend wird berichtet, dass nach der Reinigung die Räume lebendiger wirken, wärmer, freundlicher, so wie ein lebendiges Wesen, zu dem man jetzt Kontakt gefunden hat und das sich einem zuwendet, während vorher die Wände und Möbel als bloße Objekte starr in der Gegend herumstanden.

Einige Feng-Shui-Berater empfehlen, einen geschliffenen Bergkristall im Raum aufzuhängen. Er kann Licht in positive Schwingung umwandeln.

Bach-Blüten und ihre Wirkung

Beech	Bringt mehr Verständnis für andere
Centaury	Gibt Standhaftigkeit
Chicory	Hilft, Altes loszulassen
Crab Apple	Reinigt
Elm	Mindert Stress
Impatiens	Verringert Ungeduld
Olive	Beugt Erschöpfung vor
Pine	Vertreibt Schuldgefühle
Red Chestnut	Hilft gegen Angst um andere
Rock Rose	Hilft gegen Angst allgemein
Rock Water	Vermehrt die Anpassungsfähigkeit
Star of Bethlehem	Vertreibt Schock- und Traumafolgen
Sweet Chestnut	Überwindet Verzweiflung
Walnut	Hilft bei Veränderungen
White Chestnut	Hilft gegen ständige Sorgengedanken
Willow	Hilft gegen Kummer und Depression

Raumklärung auf Reisen

Als wahrer Segen erweist sich diese Technik, wenn Sie viel reisen müssen. Dann wissen Sie, dass der Aufenthalt in einem Hotelzimmer Schlaflosigkeit verursachen und sehr unangenehm sein kann. Nun haben Sie ein Mittel in der Hand, alle dort aufgestauten Schwingungen früherer Gäste aufzulösen und sich einen angenehmen Aufenthalt zu sichern.

Das Gleiche gilt, wenn Sie mit Menschen arbeiten. Reinigen Sie den Raum, bevor Sie einen Workshop abhalten oder nachdem Sie einen Patienten behandelt oder beraten haben, und die Arbeit wird Ihnen viel leichter von der Hand gehen.

Wo viele Menschen ein- und ausgehen, ist eine Raumklärung besonders notwendig und hilfreich. Jeder Mensch bringt eigene Energie mit, die das Chi schwächt, stärkt oder in Unruhe versetzt.

Vorsichtsmaßregeln

Stellen Sie während der Reinigungszeremonie alle Lebensmittel in einen Schrank, da sich sonst unwillkommenes Chi in ihnen festsetzen könnte. Manche Menschen fühlen sich während der Zeremonie wohler, wenn das Fenster oder die Haustür geöffnet ist, damit angestautes Chi einen Weg hat, um zu entweichen. Ganz wichtig ist, dass Sie sich nach dem Klatschen im ersten Durchgang die Hände abspülen.

Platz für das frische Chi

Das Chi erneuert sich umso besser, je weniger Unordnung in den zu reinigenden Räumen herrscht. Denn an Stellen, an denen alle möglichen Dinge seit längerer Zeit zusammengepackt sind, kann das Chi nicht nachhaltig in Bewegung gebracht werden. In jedem Betrieb gibt es einen Ablage- oder Stauraum, in dem Gegenstände aufbewahrt werden, die nicht in Benutzung sind. Bringen Sie alles Überflüssige dorthin. Das Chi waltet auch im Computer. Sind alle Dateien übersichtlich geordnet und leicht aufzufinden? Enthalten sie keine überholten Daten? Welche Dateien werden nicht mehr gebraucht und nehmen nur Platz weg? Bändigen Sie die Informationsflut.

Feng-Shui-Hilfsmittel

Alle Hilfsmittel haben den Zweck, das Chi zu verbessern, es also je nach der Situation zu sammeln, zu zerstreuen, zu lenken, neu zu erzeugen oder – falls es sich um abgestandenes Chi handelt – unwirksam zu machen. Das Chi ist keine feste Substanz, sondern wird stark durch die Gesamtheit der Schwingungen beeinflusst, die an einem Ort wirken. Licht und Klänge sind z. B. nichts anderes als Schwingungen mit unterschiedlichen Frequenzen, wie wir im Physikunterricht gelernt haben. Gelbes Licht hat andere Schwingungen als rotes oder blaues. Ähnliches gilt für Klänge: Tonschwingungen treffen auf unser Hörorgan im Ohr, werden als Reiz ins Gehirn geleitet und treten dann als Klang in unser Bewusstsein. Die folgenden Hilfsmittel wirken also durch die von ihnen erzeugten Schwingungen auf das Chi. Einige dieser Gegenstände verstärken es, andere zerstreuen, blockieren oder lenken es ab, falls es sich um schädliches Chi handelt.

Wasser kann auf vielfältige Weise angereichert werden. Um es als Trinkwasser energetisch aufzuladen, kann ein Kristall hineingelegt werden. Dann wird der Glaskrug eine Stunde ins Sonnenlicht gestellt.

Glocken, Klangschalen, Windspiele

Wenn Sie in einem Raum nicht recht warm werden und dort etwas zu fehlen scheint, bringen Sie Glocken oder Klangschalen zum Schwingen. Dadurch wird das Chi angereichert. Wie Sie selbst spüren können, wenn Sie hinhorchen, haben kleine, hell tönende Glocken einen

anregenden, große, tief tönende Glocken jedoch einen
eher beruhigenden Klang. Unter Windspiele sind in diesem Zusammenhang tönende Windspiele zu verstehen,
deren Metallrohre, Glasstückchen oder Glöckchen bei
jedem Luftzug einen Klang von sich geben. Die anderen
Windspiele aus Papier, Stoff oder Naturmaterialien, die
sich bei jedem Luftzug leicht bewegen, nennen wir hier
Mobiles.

Klangspiele mit hängenden Stäben (massiv) oder Roh-
ren (hohl) eignen sich auch zum Zerstreuen von schäd-
lichem Chi. Sie wirken wie ein Kamm, der den Strom
des Chi in viele kleine Rinnsale aufteilt.

Ordnung und Durchlässigkeit sind die besten Voraussetzungen für den Einzug des frischen Chi.

Kristalle

Wenn die spitze Dachecke eines Nachbarhauses auf Ihr
Fenster zeigt, hängen Sie Kristalle ins Fenster. Damit
sind die facettenartig geschliffenen Glaskugeln oder
-herzen gemeint. Durch ihre Facetten wird das auf sie
treffende Chi – genau wie das Licht – gebrochen und in
seine verschiedenen Schwingungen aufgeteilt, so dass es
sich regenbogenartig im Raum verteilt.

Man benutzt diese Kristalle auch, um eintretendes
schlechtes Chi (so genannte Giftpfeile), beispielsweise
von Stromleitungsmasten oder Fabrikschornsteinen, zu
zerstreuen.

Schädliches Chi von außen – ein Fallbeispiel

C. N. hatte einen Kristall in ihr Fenster gehängt, weil die
spitze Dachecke vom gegenüberliegenden Haus schädigende Energien direkt in ihr Zimmer schickte. Nach
dem Aufhängen der Kugel fühlte sie sich nicht mehr be-
unruhigt und konnte sich überdies freuen, wenn beim
Auftreffen von Sonnenstrahlen die Spiegelkugel Hun-
derte von Lichtpünktchen über ihr Zimmer verstreute.

Vor dem Fenster ihres anderen Zimmers stand in etwa fünf Meter Entfernung eine hohe Pyramidenpappel, deren Stamm entsprechend den Lehren des Feng Shui schneidendes Chi in ihre Zimmer sandte. Sie hängte innen am Fenster ein Klangspiel auf, das das eintreffende Chi zerstreute. (Dazu muss ein Klangspiel aus mindestens fünf Stäben bestehen, weniger zerteilen den Chi-Strom nicht genügend.)

Feng-Shui-Berater empfehlen immer wieder, eine Kristallkugel von ca. zwei Zentimeter Durchmesser an einem Band um den Hals zu tragen, wenn man vor dem Computer sitzt, da sie die schädlichen Strahlen abwehrt. Grundsätzlich können auch Tiere oder Symbole aus Kristall in unterschiedlichen Formen benutzt werden. Allerdings muss man mit Pyramiden aus Kristall vorsichtig umgehen, da die Energien sehr stark gebündelt aus ihrer Spitze austreten und dann wie schädliche Pfeile wirken können.

Probieren Sie aus, ob sich der Klang des Windspiels warm und freundlich anhört. Metall ist ein ideales Material, weil es einen klareren Ton erzeugt als z. B. Holz.

Spiegel

Wenn das Chi einen Raum zu schnell durchquert, weil dort zwei Türen oder Fenster einander gegenüberliegen, befestigen Sie Spiegel in der Türfüllung oder auf der Fensterbank. Diese werfen die auftreffenden Schwingungen zurück und lenken das Chi in den Raum. Anderseits werden Spiegel auch benutzt, um einen Raum optisch zu vergrößern. Wenn die vom Spiegel zurückgeworfenen Lichtstrahlen auf unser Auge treffen, rufen sie dort das Bild des gespiegelten Raums hervor, und uns scheint dieser Raum dann hinter dem Spiegel zu liegen.

Spiegel helfen, ungünstiges Chi umzulenken, aber auch, Räume optisch zu vergrößern.

Spiegelkugeln

Eine ganz ähnliche Wirkung haben spiegelnde Weihnachtskugeln oder im Garten auch die größeren Rosenkugeln. Ferner gibt es Kugeln, die mit vielen kleinen Spiegelstückchen besetzt sind. In größerer Ausführung kann man solche Kugeln in Diskotheken bewundern.

Lampen und Kerzen

Wenn ein Raum dunkel und deprimierend wirkt, hat er zu wenig Chi. Stellen Sie eine Lampe vor allem in dunkle Ecken, und lassen Sie sie brennen, damit sie zusätzliche Lichtschwingungen erzeugt. Damit, oder auch mit Kerzen, können Sie das Chi im Raum anheben.

Lichtloser Raum – ein Fallbeispiel

Marion S. fragte eine Feng-Shui-Beraterin um Rat, weil ihre Kochecke in einem Flur untergebracht war, der nur wenig Außenlicht bekam. Die Beraterin schlug vor, in diesem Flur den ganzen Tag über das elektrische Licht brennen zu lassen, auch wenn niemand zu Hause war.

Aquarien

Die stimulierende Wirkung des Wassers wird nicht von allen Menschen vertragen. Einige ziehen sich dadurch eine Blasen- oder Nierenschwäche zu. Fragen Sie vor einem Kauf Ihre Mitbewohner, ob sie sich mit einem Aquarium wohl fühlen würden.

Wenn Sie für Verhandlungen gutes Chi brauchen, stellen Sie ein Aquarium auf. Es ist wegen seiner dreifachen Wirkung das beste Mittel zur Verstärkung des Chi: es kombiniert bewegtes Wasser mit dem Chi von Pflanzen und Tieren. In Zoofachhandlungen finden Sie ein reichhaltiges Angebot an unterschiedlichen Becken und Aquarienpflanzen. Wählen Sie für den ersten Besatz z. B. Guppies oder Salmler, die leicht zu pflegen sind. Die Chinesen halten wegen der roten Farbe Goldfische für Glück bringend. Es gibt auch preiswerte rote Schleierschwänze, die kleinen Goldfischen ähnlich sehen.

Mobiles, Lichtmühlen

Wenn das Chi in einem Raum stagniert, bringen Sie es durch Mobiles oder Lichtmühlen in Bewegung. Diese erzeugen Chi und reichern es an.

Massive Gegenstände

Wenn ungünstiges Chi auf Ihre Eingangstür zufließt, z. B. von einer Schnellstraße, können größere massive Gegenstände, z. B. eine dazwischengesetzte Mauer oder Büsche, dieses Chi abwehren. Die schädlichen Strahlen eines Fernsehgeräts kann man mildern, indem man das Gerät bei Nichtgebrauch durch Schranktüren oder einen Vorhang abdeckt.

Verdecken Sie die scharfen Kanten von Regalen durch Vorhänge oder vorgesetzte Türen. Im Schlafzimmer sollen keine Kanten in Richtung Bett zeigen.

Bänder

Wenn Sie viele Regale oder Tische mit scharfen Kanten in Ihrer Wohnung haben, benutzen Sie Bänder, um die scharfen Kanten zu kaschieren, die sonst schneidendes Chi auf Ihren Sitz- oder Arbeitsplatz aussenden würden. An waagerechten Kanten in Küche und Esszimmer können Sie Spitzenborten anbringen oder an Fensterbänken Fransenborten.

Zimmerpflanzen

Pflanzen verbessern die Atemluft, indem sie Umweltgifte vernichten, die in Klebstoffen, Holzschutzmitteln und Kunststoffen enthalten sind. In der nachfolgenden Tabelle finden Sie Pflanzen, die Formaldehyd und andere Schadstoffe abbauen. Sie können in Töpfen in der Wohnung gezogen werden. Stellen Sie Topfpflanzen

Entschärfen Sie Kanten durch Borten. Buchreihen, die mit der Kante abschließen, sind auch geeignet.

SCHADSTOFFVERNICHTENDE TOPFPFLANZEN		
Heller Standort	**Halbschattig**	**Schattig**
Birkenfeige	Azalee	Philodendron
Chrysantheme	Drachenbaum	Efeutute
Gerbera	Efeu	
Einblatt	Gummibaum	
	Schefflera	

oder auch Schnittblumen vor allem in die Ecken Ihrer Räume, wo das Chi nur spärlich vorhanden ist und angereichert werden soll.

Am besten entwickeln sich in dunklen Ecken Kletterphilodendron, Efeutute und Drachenbaum, wie Sie aus der Tabelle entnehmen können.

Kaufen Sie Pflanzen nicht dem Namen nach, sondern suchen Sie sich eine aus, die Sie persönlich besonders anspricht.

Nehmen Sie Pflanzen mit runden Blättern, da solche mit spitzen Blättern schneidendes Chi aussenden und schädigend wirken könnten. Bunt blühende Pflanzen verbessern das Chi um bis zu 300 Prozent, nicht blühende Grünpflanzen und Bäume um 50 bis 100 Prozent.

Symbole, Bilder, Andenken

Wenn Sie gern Gegenstände um sich haben, die Ihnen persönlich etwas bedeuten, benutzen Sie Symbole, Bilder oder Andenken. Diese besitzen außer ihrer äußerlich sichtbaren Form auch noch eine innere Aussage, die mit einer besonderen Wirkkraft verbunden ist, wie z. B. für manche Menschen das Kreuz, ein Herz, ein Rad o. Ä. Symbole senden – wie auch Bilder, Bücher und Andenken – eine geistige Schwingung aus, die das Chi eines Hauses bereichert.

Für fernöstliche Augen haben manche Dinge einen anderen Symbolwert als für uns. So gilt z. B. der Drache, der in unseren Märchen immer als ein böses Untier dargestellt wird, das von einem Helden getötet werden muss, in China ganz im Gegenteil als freundliche und Segen bringende Macht und ist darum auch auf Glückwunschkarten abgebildet. Bei uns hingegen findet man als Glückssymbole auf solchen Karten vor allem Hufeisen, Schornsteinfeger, Glücksklee u. Ä.

Schutzsymbole

Wenn Sie ein Abwehrsymbol an Ihrer Haustür anbringen wollen, aber keine Beziehung zu den fremdartig anmutenden chinesischen Tempellöwen haben, die zum Schutz vor dem Eingang aufgestellt sind, können Sie stattdessen zwei Kübelpflanzen nehmen, wie z. B. Margeritenbäumchen, Birken, Rosenstöcke oder auch immergrüne Gewächse.

Sie können aber auch einen Türkranz aus Stroh oder grünen Zweigen aufhängen. Dieser wehrt das schneidende Chi ab, aber auch Diebe und Einbrecher und überhaupt Menschen mit bösen Absichten. Manche Häuser zeigen auch schöne schmiedeeiserne Symbole an der Außenwand, wie z. B. ein Schiff, eine Korngarbe, einen fliegenden Vogel o. Ä.

Um das Chi aufzulockern, können auch persönliche Gegenstände eingesetzt werden, z. B. in der Partnerecke ein Foto aus einem gemeinsamen unbeschwerten Urlaub oder in der Reichtumsecke eine wertvolle Porzellanspardose.

Zusammenfassung

Licht	Farbe	Glocken	Klangschalen
Windspiele	Wasser	Mobiles	Pflanzen
	Aquarien	Symbole	

erzeugen oder verstärken Chi

Spiegel	Kristalle	Spiegelkugeln	Bänder
	Massive Gegenstände		Flöten

zerstreuen oder blockieren Chi

Die fünf Elemente

Die Fünf-Elemente-Lehre ist ein grundlegender Bestandteil des chinesischen Weltbilds und daher eng mit dem Feng Shui verknüpft. Auf dem Luo-Pan-Kompass sind immer auch die fünf Elemente eingetragen (siehe dazu Abbildung Seite 4).

Das Feng Shui geht davon aus, dass das Chi einer Person durch drei wesentliche Faktoren bestimmt wird, nämlich den Wohnort, den Geburtstag und die Elementzugehörigkeit. Über den Wohnort und die Bedeutung des Geburtstags haben wir in den vorhergehenden Kapiteln gesprochen, die Elemente werden in diesem Kapitel erläutert.

In jeder Feng-Shui-Beratung werden die fünf Elemente berücksichtigt. Man ordnet den Elementen bestimmte Geländeformen, Wohnmaterialien, Lebensweisen und Berufe zu.

Unterschiedliche Sichtweisen

Auch im Abendland kennen wir Elemente, nämlich die von den alten Griechen konzipierten vier Elemente »Feuer, Wasser, Luft und Erde«, die vorwiegend Zustandsarten symbolisieren, nämlich Erde die feste Materie, Wasser das Flüssige, Luft das Gasförmige und Feuer das Geistige. In der modernen Chemie gibt es die chemischen Elemente bzw. Grundstoffe, von denen man inzwischen 111 entdeckt hat. (Die letzten hat man nach berühmten Naturwissenschaftlern benannt, sie heißen z. B. Einsteinium und Nilsbohrium.) Die Chinesen kennen fünf traditionelle Elemente, nämlich Feuer, Erde, Metall, Wasser und Holz. Sie sind Kürzel für sehr komplexe Konstellationen von Eigenschaften, die u. a. auch zur Charakterisierung von Menschen benutzt und im Folgenden kurz beschrieben werden.

Elementare Kraft: Der größte Teil der Erdoberfläche ist von Wasser bedeckt.

Wasser

Wasser ist das Fließende schlechthin. Es transportiert das Chi weiter, von einem Ort zum anderen. Im Feng Shui ist Wasser das Symbol für Reichtum und Wohlstand. Wasser hat keine feste Form und ist daher ein Symbol für Veränderlichkeit und Anpassungsfähigkeit. Es kommt überall hin und steht daher auch für Kommunikation und für die Medien, die alle Menschen erreichen – man spricht ja auch vom Kommunikationsfluss.

Vom Erdig-harten bis zum Fließend-geistigen: Viele Kulturen teilen die Dinge, die die Natur hervorbringt, nach elementaren Kategorien ein.

Holz

Holz ist das Wachsende; es trägt das Chi von innen nach außen, vom Samenkorn in die Wurzeln und Blätter. Das Sinnbild des Holzes ist der Baum, der in die Höhe wächst und seitlich seine Jahresringe ansetzt. Alles, was zum körperlichen und geistigen Wachstum gehört, wird dem Element Holz zugeordnet.

Feuer

Feuer ist das Brennende. Es transformiert das brennende Material und trägt seine Energie nach oben, in die geistige Sphäre. Daher ist Feuer ein Symbol für alles Aufstrebende, auch für unsere eigene Höherentwicklung durch Lernen und Vergeistigung.

Erde

Die Erde ist die Bewahrende und Hervorbringende. Sie speichert das Chi und hat etwas von Ewigkeit an sich. Sie bewahrt

Bodenschätze wie Gold, Silber, Eisen, Edelsteine oder Salz und in Gräbern auch Gebeine. Sie bewahrt den Samen und die vielen Lebewesen, die den Winter über in ihr Schutz suchen.

Metall

Metall ist das verändernde Element. Es zerteilt und verwandelt das Chi. Einerseits steht es für Geld, andererseits für Waffen und Werkzeuge. Es repräsentiert daher auch die Macht in der Wirtschaft und der Politik, speziell die Macht, mit Waffengewalt zu zerstören oder durch Geld und Handel den Besitz neu zu verteilen und dadurch das soziale Gefüge zu verändern.

Fünf statt vier: Während in den westlichen Kulturen in der Tradition der antiken Griechen von vier Elementen ausgegangen wurde, kannte man in China seit jeher fünf Grundstoffe.

DIE MONATSKENNZAHL

Suchen Sie Ihre Monatskennzahl in der nachfolgenden Tabelle. Sie ist ist für Männer und Frauen gleich.

Es ist die	wenn Sie zwischen folgenden Tagen geboren sind
1	zwischen 5. Februar und 4. März
2	zwischen 5. März und 3. April
3	zwischen 4. April und 4. Mai
4	zwischen 5. Mai und 4. Juni
5	zwischen 5. Juni und 6. Juli
6	zwischen 7. Juli und 6. August
7	zwischen 7. August und 6. Sept.
8	zwischen 7. September und 8. Okt.
9	zwischen 9. Oktober und 6. Nov.
10	zwischen 7. November und 6. Dez.
11	zwischen 7. Dezember und 4. Jan.
12	zwischen 5. Januar und 4. Februar

Welches ist Ihr Element?

Sind Sie ein Holzmensch, ein Feuer-, Erde-, Metall- oder Wassermensch? Um das zu bestimmen, benutzen Sie die nachfolgenden Tabellen, und suchen Sie erst Ihre Monatskennzahl und dann Ihre Jahreszahl auf.

Ihre Jahreskennzahl

Auch einer Wohnungsumgebung, d. h. ihrer umgebenden Landschaft, wird ein entsprechendes Element zugeordnet.

Suchen Sie in der Tabelle Seite 124ff. die Tierkreiszeichenkennzahl auf, die zu Ihrem Geburtsjahrgang gehört. Das ist zugleich Ihre Jahreskennzahl. Beachten Sie, dass die Zahlen für Männer und Frauen verschieden sind. Jetzt haben Sie Ihre Jahres- und Ihre Monatskennzahl gefunden. Notieren Sie die Zahlen bitte hier:

Meine Jahreskennzahl   Meine Monatskennzahl

—   —

Ihr Kennbuchstabe

Nachfolgend finden Sie eine Tabelle für Frauen und eine für Männer. Suchen Sie links Ihre Monatskennzahl, und ziehen Sie von dort aus eine waagerechte Linie nach rechts. Suchen Sie in der oberen Reihe Ihre Jahreszahl, und ziehen Sie von dort aus eine senkrechte Linie nach unten. Wo die beiden Linien sich treffen, steht der Anfangsbuchstabe Ihres Elements: W für Wasser, F für Feuer, E für Erde, H für Holz und M für Metall.

Lesen Sie in dem Textabschnitt hinter den Tabellen, was dort über die Elementzugehörigkeit der Berufe steht.

Mein Element heißt

_____

ELEMENTETABELLE FÜR FRAUEN

Monatszahl	Jahreskennzahl								
	1	2	3	4	5	6	7	8	9
1	M	H	W	M	H	W	M	H	W
2	E	E	E	E	E	E	E	E	E
3	F	M	H	F	M	H	F	M	H
4	W	M	H	W	M	H	W	M	H
5	E	E	E	E	E	E	E	E	E
6	H	F	M	H	F	M	H	F	M
7	H	W	M	H	W	M	H	W	M
8	E	E	E	E	E	E	E	E	E
9	M	H	F	M	H	F	M	H	F
10	M	H	W	M	H	W	M	H	W
11	E	E	E	E	E	E	E	E	E
12	F	M	H	F	M	H	F	M	H

ELEMENTETABELLE FÜR MÄNNER

Monatszahl	Jahreskennzahl								
	1	2	3	4	5	6	7	8	9
1	E	E	E	E	E	E	E	E	E
2	M	W	H	M	W	H	M	W	H
3	M	F	H	M	F	H	M	F	H
4	E	E	E	E	E	E	E	E	E
5	H	M	W	H	M	W	H	M	W
6	H	M	F	H	M	F	H	M	F
7	E	E	E	E	E	E	E	E	E
8	W	H	M	W	H	M	W	H	M
9	F	H	M	F	H	M	F	H	M
10	E	E	E	E	E	E	E	E	E
11	M	W	H	M	W	H	M	W	H
12	M	F	H	M	F	H	M	F	H

Leserinnen und Leser, die sich mit Astrologie befassen, werden bemerken, dass die Monatszeiträume praktisch den zwölf Tierkreiszeichen entsprechen.

Element und Beruf

Für bestimmte Elemente sind bestimmte Berufsrichtungen charakteristisch, in denen die Tendenzen des Elements besonders deutlich zum Ausdruck kommen. Schauen Sie, ob Sie eine Neigung zu einem dieser Berufe haben oder ihn vielleicht sogar ausüben. Falls Sie noch nicht berufstätig sind, kann die unten stehende Auflistung Ihnen eine Entscheidungshilfe sein. Überlegen Sie, welcher der aufgeführten Berufe Ihnen liegen würde. Stimmt er mit Ihrem Element überein?

Bestimmen Sie auch die Elementzugehörigkeit Ihrer Familie, und lassen Sie sich damit auf die Geisteswelt der Elemente im Feng Shui ein.

Mit Jahres- und Monatskennzahl können Sie Ihre Elementzugehörigkeit berechnen. Vielleicht werden Ihnen dann plötzlich einige Ihrer Vorlieben und Abneigungen klar.

Wasserberufe

Wasser ist ein Transportmittel für das Chi. Deswegen haben Wassermenschen in Transportberufen Erfolg. Auch gehören natürlich Getränkehersteller und Fisch verarbeitende Berufe zum Element Wasser. Ebenso haben die Berufe im Kommunikationsbereich mit dem Element Wasser zu tun, weil in ihnen der Informationsfluss bestimmend ist, also alle Medienberufe und alle künstlerischen und geistigen Berufe, wie z. B. Journalist, Psychologe oder Forscher. Wegen seines fließenden Charakters ist Wasser auch das Element der Musik, der Literatur und anderer Künste.

Holzberufe

Holz ist das Wachsende schlechthin. Es hilft dem Chi, sich auszubreiten. Berufe, die mit Wachstum zu tun haben, wie z. B. Lehrer oder Kindergärtnerin, werden gern von Holzmenschen ausgeübt. Zum Element Holz gehören auch alle Holz verarbeitenden Berufe, ferner alle, die mit der Zubereitung und dem Verkauf von gewachsener Nahrung zu tun haben. Da Holzmenschen gute Organisatoren sind, können sie auch als Journalisten, im Management oder als Computerfachleute Erfolg haben.

Feuerberufe

Feuer transformiert das Chi auf die geistige Ebene. Daher sind Feuermenschen für alle kreativen Berufe geeignet, wie z. B. Maler, Bildhauer, Schauspieler, Schriftsteller, Raumgestalter, Werbefachmann oder Gärtner. Andere Berufssparten, die mit dem Element Feuer zu tun haben, sind: Porzellanherstellung, Ziegelbrennerei oder Küchen- und Heizungsbau.

Erdeberufe

Da die Erde das Chi speichert und bewahrt, sind Erdemenschen oft in der Medizin oder der Kranken-, Säuglings- und Altenpflege tätig.
Erdeberufe sind auch alle Berufe, die mit Bautätigkeit verbunden sind, wie Maurer, Architekt oder Immobilienhändler, außerdem natürlich die landwirtschaftlichen Berufe, die mit der Erde und den Produkten, die sie hervorbringt, unmittelbar umgehen.

Metallberufe

Berufe, die mit dem Element Metall zu tun haben, sind alle Waffenhersteller, Messer- und Scherenschleifer, Hochofen- und Gießereiarbeiter, Schmiede, auch Gold- und Silberschmiede. Außerdem natürlich alle Geschäftsleute, Bank- und Versicherungsangestellte (wegen des Umgangs mit Geld) und alle Politiker (wegen des Umgangs mit der Macht), aber auch Juristen (auf Grund des Gerechtigkeitsstrebens).

Zum Element Erde gehören mehr Menschen als zu den anderen Elementen. Erdemenschen mögen erdverbundene, bewahrende Berufe, wie z. B. Landwirt, oder solche, bei denen sie für Geborgenheit anderer Menschen sorgen können, z. B. Architektin.

Das Chi zwischen den Menschen

Unter Ihren persönlichen Himmelsrichtungen gibt es zwei, die mit Ihren zwischenmenschlichen Beziehungen zu tun haben, nämlich eine günstige, die unter dem Stichwort »Familie« beschrieben wurde, und eine ungünstige, die mit dem Stichwort »Unfrieden« benannt ist. Notieren Sie unten, welche Richtungen das für Sie sind. Falls mehrere Personen in Ihrer Wohnung leben, machen Sie eine Liste für alle Bewohner.

Der Sektor »Familie«

Die Himmelsrichtung »Familie« ist für ein harmonisches Familienleben zuständig. Ihre Aktivierung kann Streit, Meinungsverschiedenheiten und Uneinigkeit beilegen und dazu verhelfen, dass wir Kinder, Eltern und Partner mit Liebe umgeben, sie erfreuen und glücklich machen.

In dem Familiensektor Ihrer Wohnung sollten sich das Wohnzimmer und das Esszimmer befinden, weil hier die Familienmitglieder am meisten zusammen sind und die Harmonie am notwendigsten ist. Oft ist auch die Frühstücksecke in der Küche ein beliebter Treffpunkt,

Sobald die Tabelle fertig gestellt ist, sollen die Ergebnisse zusammengefasst werden. Dann gilt es, entsprechende verbessernde Maßnahmen zu treffen.

Name	Richtung »Familie«	Richtung »Unfrieden«
Mutter	....	....
Vater	....	....
....	....	....
....	....	....

Fernöstliche Wohnkultur: Meist folgt sie den Regeln des Feng Shui.

wo die Familienmitglieder Austausch und Nähe suchen. In welchem Sektor liegt diese Ecke? Wenn mehrere Personen in Ihrem Haushalt leben, deren günstige Himmelsrichtungen voneinander abweichen, lassen Sie demjenigen mit dem größten Konfliktpotenzial den Vortritt, d.h., lassen Sie ihn auf jeden Fall in seinem Familiesektor und mit dem Kopf in seiner Familienrichtung schlafen.

Das kann ein halbwüchsiges Kind sein oder ein besonders gestresster Ehepartner. Verstärken Sie das harmonisierende Chi in diesem Wohnungssektor durch Pflanzen, Zimmerbrunnen und viel Licht.

Halten Sie sich so wenig wie möglich in Ihrem Unfriedensektor auf. Er kann Ihr persönliches Chi erheblich schwächen.

Günstig ist es ebenfalls, wenn Ihre Wohnungstür sich zu Ihrer Familienrichtung hin öffnet, und wenn der Herdanschluss für die Elektro- oder Gasleitung in diese Richtung zeigt.

Der Sektor »Unfrieden«

Wenn Ihre Haustür in diese Richtung zeigt, gibt es viel Streit in Ihrem Haushalt und am Arbeitsplatz, eventuell auch Brände oder Einbrüche und Verletzungen.

Da sich nach Feng Shui in diesem Wohnungsteil Konflikte verschärfen, sollten sich dort natürlich nicht das Wohnzimmer oder das Esszimmer befinden; auch sollte das Schlafzimmer nicht in diesem Sektor liegen.

Wenn ein Familienmitglied häufig besonders aggressiv reagiert, stellen Sie fest, ob sein Bett in seinem Unfriedensektor steht oder in seine Unfriedenrichtung zeigt, und ändern Sie die Stellung.

Weitere konfliktträchtige Einflüsse

Ständiger Aufenthalt im Unfriedensektor kann natürlich auch von Nachteil sein, etwa wenn ein häufig benutzter Arbeitstisch dort steht, z. B. der Küchentisch, die

Nähmaschine, die Werkbank o. Ä. Auch das Kinderzimmer sollte keinesfalls im Unfriedensektor des Kindes liegen.

Die Ostgruppe und die Westgruppe

Die Beachtung der Himmelsrichtungen stößt in einem Haushalt oder am Arbeitsplatz auf Schwierigkeiten und führt zu Konflikten, wenn die günstigen Himmelsrichtungen der verschiedenen Personen voneinander abweichen. Zur Behandlung solcher Konflikte lassen sich die Menschen in zwei Gruppen zusammenfassen.

Die Westmenschen

Zur Gruppe der Westmenschen gehören diejenigen, deren günstige Himmelsrichtungen Westen, Nordwesten, Südwesten und Nordosten sind, wenn auch in unterschiedlicher Reihenfolge.
In der folgenden Grafik sind das die Menschen mit den Kennziffern 2, 5, 6, 7 und 8.

Ihre vier günstigen Himmelsrichtungen können für Ihren Partner ungünstige Richtungen sein. Stimmen Sie die Wohn- und Arbeitsbereiche sorgfältig aufeinander ab.

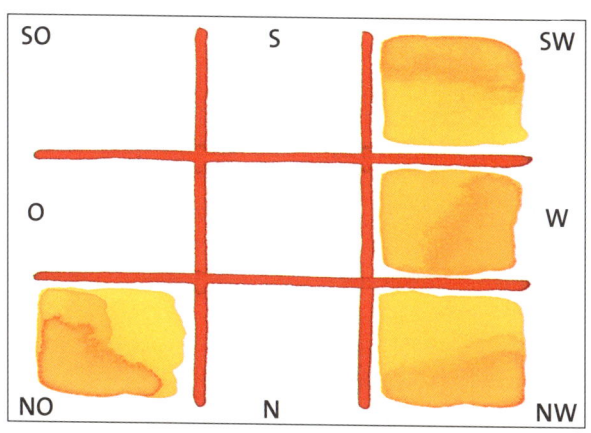

Die günstigeren Himmelsrichtungen der Westmenschen.

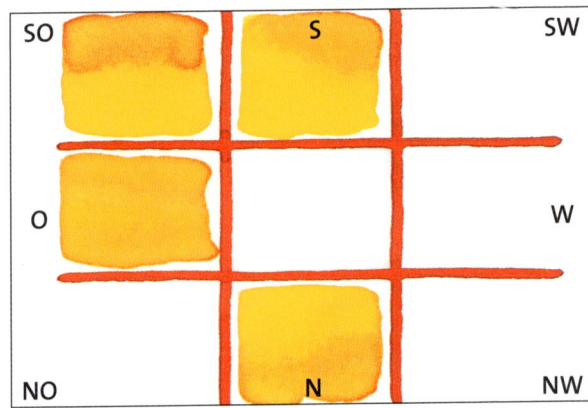

Die günstigeren Himmelsrichtungen der Ostmenschen.

Die Ostmenschen

Zu dieser Gruppe gehören alle, deren günstige Himmelsrichtungen Osten, Südosten, Süden und Norden sind – ebenfalls in verschiedener Reihenfolge. D. h., bei den Menschen mit der Kennziffer 1 ist Südosten die beste Richtung, während bei Menschen mit der Kennziffer 9 der Osten die beste Himmelsrichtung ist.

Auch die Menschen mit den Kennziffern 3 und 4 gehören zu dieser Gruppe.

Manchmal ist die räumliche Trennung von Ost- und Westmenschen die beste Lösung. Sie können beispielsweise in verschiedenen Räumen arbeiten.

Das Problem

Schwierigkeiten entstehen dadurch, dass alle günstigen Himmelsrichtungen der Westgruppe die ungünstigen Himmelsrichtungen für die Ostgruppe sind (siehe obige Abbildungen). Wenn Personen aus beiden Gruppen zusammenleben oder -arbeiten, muss das, was für die eine Gruppe vorteilhaft ist, zwangsläufig für die andere Gruppe von Nachteil sein. Es gibt keine Himmelsrichtung, die für beide Gruppen günstig bzw. ungünstig ist. Ein Beispiel: Ost- und Westmensch im Schlafzimmer. Rita hat die Kennzahl 8 und Herbert die Kennzahl 4.

Die Wahl des Schlafzimmers wird zum Problem, denn die Sektoren, die für Rita günstig sind, nämlich der Südwest-, der Nordwest-, der West- und der Nordostsektor, sind für Herbert schädlich und umgekehrt. Zum Glück ist es möglich, das Schlafzimmer in der Mitte der Wohnung, der neutralen Zone, einzurichten. Problematisch bleibt noch die Ausrichtung des Betts. Die beiden entscheiden sich dafür, nicht ein zusammenhängendes Doppelbett zu nehmen, sondern zwei Einzelbetten, die sie nebeneinander stellen.

Wenn nun Herbert Teile der Ruhephase mit dem Kopf in Richtung Osten verbringt, was seiner Familienrichtung entspricht, und Rita Teile der Ruhephase mit dem Kopf in Richtung Westen (ebenfalls Familienrichtung), so können sie dicht beieinander sein und müssen dennoch nicht in einer für sie schädliche Richtung schlafen.

In der Mitte der Wohnung befindet sich ein neutraler Sektor. Er ist für West- wie Ostmenschen zum Wohnen und Arbeiten gut geeignet.

Lösungsmöglichkeiten

Wenn West- und Ostmenschen in einem Haushalt zusammenleben oder in einem Betrieb zusammenarbeiten, müssen sie darauf achten, dass ihre unterschiedlichen günstigen Himmelsrichtungen so weit wie möglich beachtet werden. Sie können z. B. ihre Schreibtische unterschiedlich ausrichten, so dass jeder Arbeitende in die für ihn günstigste Richtung blickt.

Bei der Ausrichtung des Betts muss man sich eventuell zu getrennten Betten entschließen und jedes Bett in die für den Schläfer günstige Richtung stellen.

Probleme im Kinderzimmer – ein Fallbeispiel

Die Brüder Toni und Andreas bewohnen ein gemeinsames Kinderzimmer. Toni hat die Kennziffer 8 und Andreas die Kennziffer 4.

Toni ist also ein Westmensch und Andreas ein Ost-
mensch; alle für Toni günstigen Richtungen sind für
Andreas ungünstig und umgekehrt. Sie schlafen übereinander in einem Etagenbett mit dem Kopf in Richtung Süden: das ist für Andreas die Richtung »Gesundheit«, für Toni aber die Richtung »Unglück«.

Ebenso ist die Blickrichtung beim Schularbeitenma-
chen Süden, d. h. für Andreas günstig, für Toni ungünstig. Die Lösung: Für Toni wird auf dem Dachboden eine
eigene Ecke abgetrennt und eingerichtet. Sein Bett wird
mit dem Kopfende in Richtung Südwesten gestellt, in
seine Erfolgsrichtung.

Sein Arbeitstisch wird schräg unter dem Fenster platziert, so dass er dort ebenfalls nach Südwesten blickt.
Zum Spielen besuchen sich die Brüder gegenseitig.

Probleme mit der Wohnungstür

Wenn die Wohnung zwei Eingänge hat, neben dem
Haupteingang beispielsweise einen Hintereingang, einen Küchenbalkon oder auch eine Terrassentür, kann

Türen sollten auch nie so an-gebracht sein, dass sie gegen-einander schla-gen können. Ansonsten kann es zu Rei-bereien und Konflikten im Haus kommen.

Kleine Ursache, große Wirkung: Bei ungünstiger Richtung genügt es oft schon, das Bett umzustellen oder anders-herum darin zu liegen.

der zweite Eingang vorwiegend von demjenigen Familienmitglied benutzt werden, dessen günstige Richtung
dort liegt.

Der Herd

Auch für die Ausrichtung des Herds muss eine Richtung
ausgewählt werden. Der Angehörige, der dabei benach-
teiligt wird, kann dann zum Ausgleich den Wasserko-
cher oder ein anderes viel benutztes Gerät (den Grill,
die Mikrowelle, den Brotbackautomaten, die Kaffeemaschine) so aufstellen, dass der Stromanschluss in eine
für ihn günstige Richtung zeigt.

Warum bevorzugt Ihr Kind den Küchentüreingang? Ein Grund könnte darin liegen, dass es sich wohler fühlt, das Haus aus dieser Richtung zu betreten.

Schwierigkeiten in der Küche – ein Fallbeispiel

Harald hat die Kennzahl 5 und Christa die Kennzahl 9.
Die Stromzuleitung des Herds zeigt nach Westen, eine
für Harald günstige Richtung, nämlich seine Gesundheitsrichtung, die für Christa jedoch schädlich ist (Unfrieden). Eine Richtung, die für beide günstig ist, gibt es
nicht. Zum Ausgleich stellen sie die Kaffeemaschine
und das Mikrowellengerät – beides Geräte, die von ihnen häufig benutzt werden – so hin, dass die Anschlüsse
in eine für Christa günstige Richtung, nämlich nach
Osten, in ihre Erfolgsrichtung, zeigen. Für Harald ist das
die ungünstige Unglücksrichtung, so dass sich für beide
günstige und ungünstige Richtungen ausgleichen.

Aufwachsen beim Onkel – ein Fallbeispiel

Eine drastische Lösung wird von Lillian Too berichtet:
Ein Ostkind wuchs in einer Familie von Westmenschen
auf und kränkelte dauernd, weil die gesamte Wohnung
in die für Westmenschen günstigen, für das Kind aber
nachteiligen Richtungen ausgelegt war. So war z. B. die
beste Richtung des Vaters für das Kind die tödliche

Richtung. Der Feng-Shui-Berater schlug vor, das Kind in die Obhut eines nahe wohnenden Onkels und seiner Familie zu geben, die alle Ostmenschen waren wie das Kind und ihre Wohnung entsprechend ausgerichtet hatten. Nach dieser Änderung genas das Kind und wuchs zu einem erfolgreichen Menschen heran.

Wenn nichts anderes möglich ist, sollten die ungünstigen Richtungen gleichmäßig auf die Beteiligten verteilt werden.

Weitere Hilfsmittel

Zwistigkeiten in der Familie kann man auch mildern oder beseitigen, indem man den entsprechenden Wohnnungssektor durch Aufräumen, Reinigen und Ausgleich des Mobiliars klärt und harmonisiert.

Gibt es irgendwo spitze Ecken oder Kanten? Hebt sich ein Möbelstück von den übrigen durch besondere Größe, Schwere oder Massivität ab? Sind Wände, Gardinen und Fußboden aufeinander abgestimmt? Gibt es Bilder, Bücher oder Gegenstände, die aggressive Gedanken provozieren?

Beachten Sie auch die krank machenden Einflüsse von ungünstigem Chi, das durch einen Berg vor dem Haus, Wasser hinter dem Haus, eine auf die Eingangstür zulaufende Straße, von Dachecken ausgehende Giftpfeile oder hohe Bäume und Fabrikschornsteine vor dem Eingang verursacht wird. Auch Krankenhäuser oder Polizeistationen in Ihrer Nähe sind problematisch.

Die elementaren Eigenschaften

Sie haben im vorhergehenden Kapitel bereits die Fünf-Elemente-Lehre kennen gelernt und Ihr eigenes Element bestimmt. Prüfen Sie anhand dieser Theoreme nach, inwiefern die nachfolgenden Beschreibungen auf Sie und Ihre Bekannten zutreffen.

Wassermenschen

Wassermenschen sind kommunikationsfreudig. Sie lieben das Gespräch, finden sich schnell zurecht, sind klug und können gut organisieren. Sie erweisen sich als gute Freunde und setzten sich für soziale oder geistige Ziele ein. Sie sind oft ruhelos und haben daher ein Bedürfnis nach Ausgleich, nach Ruhe und Einsamkeit.

Holzmenschen

Holzmenschen sind Naturmenschen. Sie sind umgänglich und praktisch veranlagt und können gut Probleme lösen, verlieren allerdings manchmal auch die Geduld. Das Frühjahr ist ihre Jahreszeit. Sie selbst strecken geistig und seelisch nach allen Seiten ihre Wurzeln aus, vor allem in der Jugend, während sie sich als Erwachsene gern an vorgegebene Formen halten und im Alter starr werden und »verholzen« können. Körperlich ist der Holzmensch im Allgemeinen lang und dünn. Er schläft gern bei offenem Fenster in frischer Luft.

Holzmenschen fühlen sich im Frühjahr am wohlsten, Feuermenschen hingegen im Sommer.

Der Baum: Sinnbild für Wachstum, Stärke und Standfestigkeit.

Feuermenschen

Das feurige Wesen dieser Menschen macht sie zu Lieb-
lingen der Gesellschaft. Aber auch Wutausbrüche sind
ihnen nicht fremd. Ihre Vitalität und Arbeitskraft verhilft ihnen meistens zu einem guten Lebensstandard.
Feuermenschen kennen brennende Leidenschaften, vor
allem in der Jugend, sie preschen vor, wo andere sich
nicht trauen, und sagen alles, was ihnen in den Sinn
kommt. Sie haben viel Phantasie.
Ihre Körperformen zeigen oft auffallend spitze Formen,
so z. B. ein kantiges Gesicht, spitze Finger und eine rötli-
che Gesichtsfarbe.

**In einem Beruf,
der Ihrem Ele-
ment ent-
spricht, brau-
chen Sie sich
nicht so stark
anzustrengen
wie in anderen
Berufen.**

Erdemenschen

Erdemenschen sind zuverlässig, verantwortungsbe-
wusst, beherrscht und ausgeglichen. Sie ruhen sicher in
sich selbst und haben ein gesundes Selbstbewusstsein.
Sie ergreifen gern Berufe, in denen sie mit anderen
Menschen zu tun haben, z. B. im sozialen Bereich oder
im Dienstleistungssektor. Sie setzen ihre Kräfte gezielt
ein und erreichen viel durch Beharrlichkeit. Ihr Körper
ist verhältnismäßig breit gebaut; Gesicht und Hände
sind eher flach.

Metallmenschen

Metallmenschen streben nach hohen Zielen und setzen
sich für ihre Verwirklichung nach besten Kräften ein.
Dabei können sie die Rolle des Anführers recht gut
übernehmen.
Bei ihnen steht die Sache im Mittelpunkt, und oft sind
sie Gerechtigkeitsfanatiker. Sie sind diszipliniert und
stark, freuen sich am Wettbewerb, haben viel Realitäts-
sinn und sind oft eifrige Sportler. Sie lieben die Verän-

derung und können sich meist schnell entscheiden, weil sie intuitiv den richtigen Weg erkennen. Der Metalltypus zeigt vielfach rundliche Formen, besonders im oft blassen Gesicht.

Der zerstörende Elementekreislauf

Hier sind die fünf Elemente in einer bestimmten Reihenfolge angeordnet. Diese Reihenfolge nennt man den zerstörenden Kreislauf, denn dasjenige Element von dem der Pfeil ausgeht, kann das nachfolgende Element, auf das der Pfeil zeigt, empfindlich schädigen. Die Kenntnis der negativen Faktoren kann uns vor ihnen schützen. Dieser Kreislauf ist wichtig für die menschlichen Beziehungen, denn wenn z. B. ein Feuermensch und ein Metallmensch zusammenarbeiten sollen, so muss man immer damit rechnen, dass der Metallmensch im Nachteil ist, weil das Feuer das Metall schmilzt und so die Oberhand hat. Das Metall seinerseits durchschneidet das Holz, das Holz saugt die Erde aus, die Erde saugt das Wasser auf, und das Wasser löscht das Feuer.

Erdemenschen haben einen beharrenden Charakter, während Metallmenschen die Veränderung lieben.

Jedes Element der chinesischen Fünf-Elemente-Lehre kann ein anderes schädigen, genauso, wie es aus einem anderen hervorgeht (siehe Seite 74).

Der aufbauende Elementekreislauf

Es gibt zu jedem Element nicht nur ein zerstörendes, sondern ebenso ein aufbauendes zweites Element, welches das erste unterstützt und stärkt.

Die Beziehungen sind hier nicht immer so offensichtlich wie beim zerstörenden Kreislauf, jedoch können wir sie mit etwas Überlegung nachvollziehen. So produziert Feuer durch Verbrennung Asche, und Asche wird hier mit Erde gleichgesetzt.

Umgeben Sie sich mit Menschen, deren Element das Ihre unterstützt: Für Wassermenschen sind das die Metallmenschen, für Erdemenschen die Feuermenschen.

Dass Metall (scheinbar) Wasser hervorbringt, kann man so deuten, dass es beim Schmelzen flüssig wird wie Wasser. Eine andere Erklärung finden wir beim Kochen, wenn sich an der Innenseite des zunächst trockenen (Metall-)Topfdeckels Wassertropfen bilden, weil der beim Kochen entstehende Dampf sich an der kalten Deckeloberfläche niederschlägt und zu Wasser abgekühlt wird.

Dass Erde Metall hervorbringt, kennen wir aus dem Bergbau, wo aus der Erde Eisenerz, Gold, Silber und alle möglichen anderen Metalle gewonnen werden. In früheren Zeiten glaubte man wohl auch, dass diese in der Erde wachsen.

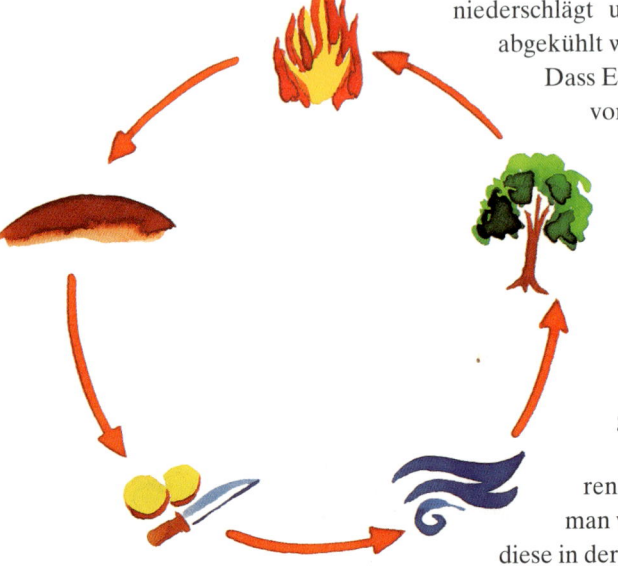

Diese Zusammenhänge lassen sich auf die zwischenmenschlichen Beziehungen anwenden. Sollen z. B. ein Wassermensch und ein Holzmensch zusammenarbeiten, so wird der Wassermensch den Holzmenschen unterstützen, weil auch in der Natur das Wasser dem Holz Nahrung zuführt und es damit wachsen lässt. Ebenso wird ein Feuermensch einem Erdemenschen Rückhalt geben, und zwar nicht bewusst oder in besonderer Absicht, sondern intuitiv. Die Gegenwart eines Metallmenschen kann in gleicher Weise für einen Wassermenschen von Vorteil sein, ohne dass die beiden sich über die Zusammenhänge im Klaren sind.

Farben und Formen

Sie können Ihr Chi verstärken, indem Sie die zugehörige Elementfarbe oder ein passendes Muster an Ihrem Arbeitsplatz oder zu Hause einsetzen. Der Beruf des Architekten z. B. gehört zum Element Erde. Wenn Sie als Architekt braune, rechteckige Büromöbel benutzen, können Sie dadurch Ihren Erfolg vermehren. Ebenso, wenn Sie als Musiker, der dem Wasserelement zugehört, ihren Übungsraum in blauen Farben und mit einem wellenförmigen Teppichmuster ausgestalten.

Wasser

Die dem Wasserelement zugehörigen Farben sind Grau, Blau und Schwarz. Alle wellenförmigen und unregelmäßigen Formen sind Wasserformen, wie man sie z. B. bei Bergketten und Häuserzeilen findet. Die Energie des Wassers strebt abwärts, ist z. B. in senkrecht verlaufenden Mustern enthalten. Wenn Sie ein Wassermensch sind, setzen Sie diese Muster gezielt ein.

Holzmenschen werden durch Wassermenschen unterstützt, denn das Wasser führt dem Holz Nährstoffe zu und lässt es wachsen. Für Metallmenschen sind die Erdemenschen unterstützend, für Feuermenschen sind es die Holzmenschen.

Holz

Die Holzfarbe ist Grün. Grün setzt sich zusammen aus Blau und Gelb, und das Holz gedeiht umso besser, je mehr blaue Wasserenergie und gelbe Sonnenstrahlen ihm zugeführt werden. Alle hoch aufstrebenden Formen sind Holzformen, wie z. B. Hochhäuser, Säulen, Fabrikschornsteine. Die Energie des Holzes strebt sternförmig nach außen. Wenn Sie ein Holzmensch sind, setzen Sie entsprechende Farben und Formen in Ihrer Umgebung zu Ihrer Unterstützung ein.

Feuer

Jedem Element ist eine bestimmte Farbe zugeordnet. So hat Holz beispielsweise die Farbe Grün. Holz ist pflanzlich, und die typische Farbe aller Lichtpflanzen ist Grün.

Die Farbe des Feuers ist Rot. Die Energie des Feuers steigt nach oben. Daher sind alle spitzen Formen Feuerformen, wie z. B. spitze Kirchtürme und Dächer. Wenn Sie ein Feuermensch sind, bedienen Sie sich dieser Farben und Formen zu Ihrer Stärkung, indem Sie sie in Ihrer Umgebung anbringen.

Erde

Die Erdefarben sind Braun und Gelb. Die Energie der Erde ist ausgeglichen, daher ist Erde ein Symbol für alles Stabile und Überdauernde. Alle liegenden oder flachen Rechtecke und Quader sind Erdformen, wie z. B. lang gestreckte Wohnblocks. Machen Sie als Erdemensch Gebrauch von diesen Farben und Formen.

Metall

Die Metallfarbe ist Weiß. Die Metallenergie strebt sternförmig zur Mitte und wirkt sehr massiv. Alle runden gebogenen Formen sind Metallformen, wie z. B. Kuppeln und Arenen. Benutzen Sie sie als Metallmensch, um Ihr eigenes Element zu stärken.

Feindliche Elemente

Überlegen Sie, welche Menschen in Familie, Beruf oder Gesellschaft für Sie wichtig sind. Berechnen Sie deren Element. Ist es eins, das sie hemmt?

Dann besteht die Möglichkeit, dass dieser Mensch Ihnen – vielleicht ganz unbewusst – schadet. Das sind

▶ Für Erdemenschen die Holzmenschen,
▶ Für Holzmenschen die Metallmenschen,
▶ Für Metallmenschen die Feuermenschen.
▶ Für Feuermenschen die Wassermenschen,
▶ Für Wassermenschen die Erdemenschen.

Sie können die nachteiligen Einflüsse bis zu einem gewissen Grad neutralisieren. Sie können grundsätzlich Ihren Elementgegner schwächen, indem Sie aus dem

Bestimmen Sie Ihr Element, und sehen Sie sich Ihren Bekanntenkreis einmal genauer an. Sie werden interessante Erkenntnisse gewinnen, warum Sie sich mit jemandem verstehen oder nicht.

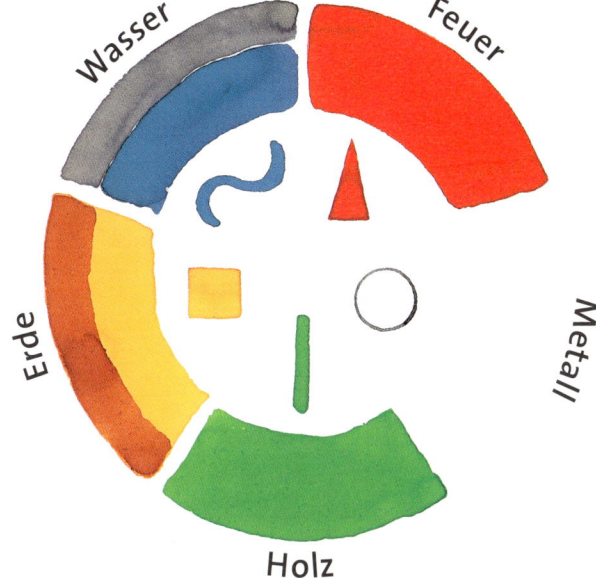

Ungünstige Einflüsse rühren nicht ausschließlich von den Himmelsrichtungen her. Wenn Ihre Elemente mit denen Ihrer Nächsten feindlich sind, wäre es ein Versuch wert, sie zu neutralisieren.

zerstörenden Kreislauf der Elemente seine Farbe heraussuchen und sie aus Ihrer Umgebung entfernen. Oder Sie können Ihr eigenes Element stärken, indem Sie die dazugehörigen Farben wirken lassen.

Feuermenschen

Feuermenschen können ihre Position stärken, indem sie in ihrer Umgebung die Feuerfarbe Rot und spitze Formen einsetzen. Beseitigen Sie dagegen möglichst alles Blau und alle wellenförmigen Muster von Ihrem Arbeitsplatz oder in Ihrer Wohnung, weil diese Ihr gegnerisches Element, das Wasser, unterstützen.

Feuermenschen können den nachteiligen Einfluss von Wassermenschen auch einschränken, indem sie das Element Holz mit ins Spiel bringen oder einen Holzmenschen einschalten. Holz saugt nämlich das Wasser auf, so dass es dem Feuer nicht mehr schaden kann. Auf der anderen Seite stärkt es auch das Feuer (Holz nährt Feuer). Umgeben Sie sich mit Holzmöbeln, Pflanzen, hoch aufstrebenden Statuen, Säulen und Leuchtern, und bevorzugen Sie die Farbe Grün in Ihrer Umgebung.

Es tut Wassermenschen sehr gut, sich mit der Farbe und den Formen ihres Elements zu umgeben. Die Entsprechung mit dem eigenen Element verstärkt das Chi.

Wassermenschen

Günstig für Wassermenschen ist die Farbe ihres eigenen Elements, Blau. Machen Sie diese in Ihrer Umgebung sichtbar, ebenso wie wellenförmige Muster. Beseitigen Sie dagegen soweit wie möglich alle braungelben Erdefarben und rechteckigen Formen an Ihrem Arbeitsplatz oder in Ihrer Wohnung.

Ferner können Sie den nachteiligen Einfluss von Erdemenschen einschränken, indem sie das Element Metall mit ins Spiel bringen und einen Metallmenschen mit einbeziehen. Metall erzeugt neues Wasser, d. h., es sorgt für ständigen Energienachschub für Sie. Umgeben Sie sich mit Metallmöbeln, -geräten und -werkzeugen, mit runden und gebogenen Formen und mit der Farbe Weiß, der Farbe des Metalls. Hat das Büro weiße Wände, in dem Sie mit dem Erdemenschen zusammenarbeiten? Oder hat das Wohnzimmer weiße Wände oder Gardinen, in dem Sie mit einem Erdefamilienmitglied zusammen sind? Das ist für Sie von Vorteil.

Erdemenschen

Stärken Sie Ihre Stellung, indem Sie in Ihrer Umgebung die Erdefarben Gelb und Braun und rechteckige Formen einsetzen.

Beseitigen Sie dagegen möglichst alles Grün und hochstrebenden Holzformen an Ihrem Arbeitsplatz oder in Ihrer Wohnung.

Sie können den nachteiligen Einfluss von Holzmenschen einschränken, indem Sie das Element Feuer und Feuermenschen mit ins Spiel bringen, denn Feuer verbrennt das Holz und erzeugt andererseits neue Erde (Asche). Umgeben Sie sich mit viel Rot, der Farbe des Feuers, mit roten Gardinen, Möbeln, Kissen, Aktenordnern und – soweit möglich – Kleidungsstücken. Lassen Sie so oft wie möglich eine Kerze brennen. Ein Ofen oder Kamin mit offenen Feuer wäre in Ihrer Wohnung ideal.

Holzmenschen

Die Farbe Grün, hoch aufstrebende Formen und senkrecht verlaufende Muster unterstützen Ihr Element. Sie können den Einfluss von gefährlichen Metallmenschen einschränken, indem Sie das Element Wasser mit ins Spiel bringen, denn Wasser stärkt das Holz und gibt ihm zusätzliche Kräfte, andererseits macht es das Metall stumpf und lässt es rosten. Stellen Sie in Ihrer Umge-

Schützen Sie sich als Erdemensch vor dem gegnerischen Holzelement durch Einbeziehung des Feuerelements. Bevor Sie entsprechende Gegenstände kaufen, können Sie Freunde bitten, Ihnen welche zur Probe auszuleihen.

bung einen Zimmerbrunnen auf oder ein Aquarium, hängen Sie ein Bild mit Wellen oder Bergketten an Ihrem Arbeitsplatz auf. Sorgen Sie für schwarze, graue oder blaue Gegenstände in Ihrer Nähe.

Metallmenschen

Stärken Sie Ihre Stellung, indem Sie in Ihrer Umgebung Ihre Elementfarbe Weiß und runde Formen einsetzen. Beseitigen Sie dagegen möglichst alle Rottöne und spitzen Muster des Feuerelements an Ihrem Arbeitsplatz oder in Ihrer Wohnung.

Sie können außerdem den Einfluss von Feuermenschen einschränken, indem Sie das Element Erde und Erdemenschen mit ins Spiel bringen. Mit Erde kann man Feuer löschen, andererseits bringt Erde auch neues Metall hervor und erzeugt so zusätzliche Energien für den Metallmenschen. Gestalten Sie Ihre Umgebung in den Erdefarben Braun und Gelb. Bringen Sie Erde in Ihre Nähe, z. B. in Blumentöpfen und -kästen.

Metall-Menschen mögen einen sehr luftigen, harmonischen Einrichtungsstil, wie er oft in skandinavischen Ländern anzutreffen ist.

Welches Mittel wähle ich?

Feng Shui ist keine Religion oder Morallehre, sondern eine Sammlung von Erfahrungstatsachen, die an und für sich weder gut noch böse sind. Wenn man weiß, welche Elemente einem anderen Menschen oder seinem Unternehmen schaden, kann man diese natürlich einsetzen, um den anderen zu schwächen. Die Erfahrung lehrt allerdings, dass alles Negative und Verletzende, was man anderen antut, irgendwann zu einem selbst zurückkommt, wenn auch vielleicht in anderer Form und an einem anderen Ort. Darum ist es klüger, wenn man sich zum eigenen Fortkommen des aufbauenden und unterstützenden Kreislaufs bedient, um so die eigene Position zu stärken. Dieses Verhalten hat außerdem den Vorteil, dass auch das Gute, das wir in die Welt setzen, fortlaufend Gutes gebiert und eines Tages zu uns zurückkehrt. Außer dem Fünf-Elemente-System gibt es noch eine andere Einteilungsmöglichkeit, die den Menschen bestimmte Eigenschaften zuweist.

Das sind die chinesischen Tierkreiszeichen, von denen es wie bei uns zwölf gibt, die aber anders heißen, nämlich Tiger, Hase, Drache, Schlange, Pferd, Schaf, Affe, Hahn, Hund, Schwein, Ratte, Ochse. Diese Tierkreiszeichen werden allerdings vom Geburtsjahr hergeleitet, und nicht vom Geburtsmonat eines Menschen wie bei uns (siehe Abbildung auf Seite 82).

Schädliche Einflüsse können auch durch das Zwischenschalten eines dritten Elements neutralisiert werden.

Ihre Checkliste

Tragen Sie in die unten stehende Tabelle alle Personen ein, mit denen Sie häufig zu tun haben. Schreiben Sie daneben das Element dieser Person. Kreuzen Sie unter »+« an, wenn sich dieses Element mit dem Ihren verträgt, und unter »−«, wenn es sich mit dem Ihren nicht verträgt.

	Element des Menschen?	+ oder	− ?
Partner		❏	❏
Vater		❏	❏
Mutter		❏	❏
Sohn		❏	❏
Tochter		❏	❏
Chef(in)		❏	❏
Kollege		❏	❏
Nachbar(in)		❏	❏
. . . .		❏	❏

Ihr chinesisches Horoskop

Die chinesischen Tierkreiszeichen sind ebenfalls im Luo Pan eingezeichnet und spielen im Feng Shui eine Rolle. So kann man mit Feng-Shui-Maßnahmen unter einem ungünstigen Tierkreiszeichen sein Pech verringern und in Jahren mit einem günstigen Tierkreiszeichen sein Glück vermehren.

Ihr Tierkreiszeichen

Suchen Sie in der Tabelle auf Seite 124ff. Ihr chinesisches Tierkreiszeichen auf, und lesen Sie dann nachstehend, welche Eigenschaften diesem Zeichen zugeschrieben werden.

Hund

Menschen, die im Zeichen des Hundes geboren sind, sind keine Massenmenschen. Sie kämpfen für hohe Ziele und können dabei sehr ausdauernd sein. Ihre Welt und ihre Vorstellungen sind geordnet bis zum Dogmatismus. Ihre Begabungen liegen auf technischem Gebiet, d. h., sie können gut Apparate und Maschinen reparieren und bedienen. Daher finden sie immer einen Arbeitsplatz. Hundmenschen sind zuverlässig, ehrlich, treu, mutig und gerechtigkeitsliebend. Sie stehen oft unter Stress, sind stets wachsam und nie völlig entspannt. Sie können auch zynisch sein. Sie kümmern sich sehr fürsorglich um ihre Angehörigen und bleiben daher selten allein.

Für jedes Tierkreiszeichen gibt es zwei gut verträgliche und ein unverträgliches anderes Zeichen.

Vom Drachen bis zum Tiger: Das chinesische Horoskop kennt andere Sternbilder als das westliche.

Schwein

Menschen, die im Zeichen des Schweins geboren sind, sind heiter und glücklich, unterhaltsam, tolerant und ehrlich. Sie sprechen gern über Gelesenes und Erlebtes und engagieren sich nicht selten in der Politik. Ihr Leben ist nicht besonders aufregend. Sie genießen gern, lieben Wein, Weib und Gesang und sind auch manchmal faul. Haben sie jedoch nach langem Für und Wider einmal ein Ziel ins Auge gefasst, können sie dafür hart arbeiten. Sie sind fürsorglich und gutmütig, aber keine Kämpfer, sondern Angreifern gegenüber wehrlos, weil sie so gutmütig und friedliebend sind.

Schweinmenschen haben meistens einen sehr liebenswerten Charakter. Hunde kämpfen für höhere Ziele.

Ratte

Menschen, die im Zeichen der Ratte geboren sind, können gut mit Informationen umgehen, da sie sich schnell zurechtfinden und das Wesentliche vom Unwesentlichen unterscheiden können. Sie sind gern in Gesellschaft, wissen interessant zu erzählen und können sehr charmant sein.

Andererseits können sie sich oft nicht entscheiden, können aber andere gut beraten. Sie sind ehrgeizig und streben nach Geld und Macht, zum Teil auch, weil eine tief sitzende Existenzangst sie plagt.

Ochse

Menschen, die im Zeichen des Ochsen geboren sind (in China ist mit diesem Zeichen der Wasserbüffel gemeint), sind durch und durch konservativ, korrekt und pflichtbewusst. Ohne sich beeinflussen zu lassen, setzen sie ihre Grundsätze durch, über diplomatisches Geschick verfügen sie nicht. In Beziehungen sind sie geradlinig, und für Romantik haben sie wenig übrig.

Ochsemenschen sind geduldige Arbeitstiere. Sie sind Vertrauen erweckende Mitmenschen, oft langsam und schwer beweglich, aber ausdauernd. Sie sind genau und können gut Situationen analysieren. Unklarheiten, Luftschlösser oder Illusionen mögen sie nicht.

Tiger

Menschen, die im Zeichen des Tigers geboren sind, können sich nur schwer der Autorität beugen und übernehmen lieber selbst die Führung. Sie sind mutig, lieben Abenteuer, Überraschungen und Herausforderungen. Für Tigermenschen ist die Jagdlust ihre Triebfeder, ob es nun um die Jagd nach einer Entdeckung, einem Kunden oder einem guten Geschäft geht. Dabei erleiden sie natürlich auch hin und wieder Fehlschläge und enttäuschen damit ihre Gefolgsleute, die ihnen nicht allzu vertrauensselig folgen sollten.

Tigermenschen gehören zu den aktivsten Personen. Hasemenschen nehmen die Wechselfälle des Lebens leicht.

Hase

Hasemenschen sind beliebt und nehmen alles nicht so schwer. Sie sind vernünftig, ehrlich und treu und haben nur wenig Ehrgeiz, aber eine Menge Glück. Sie können im Interesse anderer gut auf etwas verzichten. Sie sind schnell und intelligent, bringen jedoch oft ihre Vorhaben nicht zu Ende. Mit anderen Menschen finden sie sich gut zurecht. Hasemenschen sind friedliebend und besonnen. Sie können sehr diplomatisch und geschickt im Umgang mit Menschen sein, mögen aber keine Auseinandersetzungen. Harmonie ist ihnen wichtiger.

Drache

Menschen, die im Zeichen des Drachen geboren sind, haben viel Glück. Der Drachemensch ist gesund und intelligent, steckt voller Energie und ist zielstrebig, vital und mutig. Daher hat er in der Regel viel Erfolg. Er kann sich gut ausdrücken und macht davon auch reichlich Gebrauch. Allerdings hat er Schwierigkeiten, einen Partner auf Dauer an sich zu binden. Kritik und Kompromisse kann er nur schwer vertragen. Er verfügt über Intuition und künstlerische Begabung. Seinem Symboltier, dem Drachen, sagt man nach, dass er über Zauberkräfte verfügt.

Schlange

Menschen, die im Zeichen der Schlange geboren sind, lieben Reichtum und Besitz und geben nicht gern etwas ab. Ihre Gefühle sind leidenschaftlich. Wenn man sie ärgert oder behindert, oder wenn sie sich gekränkt fühlen, versprühen sie ihr Gift.

Schlangemenschen sind Glückskinder. Sie sind tiefsinnige Denker und verfügen sowohl über eine außergewöhnliche Intuition als auch über Scharfsinn. Sie haben die Ausdauer, um ihre Ziele konsequent zu verfolgen. Sie haben oft viel Erfolg, so dass ihnen der soziale Aufstieg gelingt. Ihre Bewegungen wirken anmutig und geschmeidig.

Pferd

Pferdmenschen sind ständig in Bewegung. Sie können sehr zielstrebig sein, wobei sie manchmal nicht zu bremsen sind und durchgehen. Sie sind liebenswürdig, heiter und spontan, und daher auch beliebt. Sie lieben ihre Unabhängigkeit und können auch ungeduldig werden. Sie streben nach Leistung und arbeiten wie ein Pferd, um zu Macht und Reichtum zu kommen. Dabei können sie auch egoistisch sein. Sie sind gern in Gesellschaft und glänzende Unterhalter, wobei sie sich im Beifall der anderen sonnen.

Schlangemenschen zeichnen sich durch besondere Eleganz aus. Affemenschen haben eine besondere geistige Beweglichkeit.

Nicht alle Pferdmenschen sind gleich. Wenn die Tierkreiszeichen mit der Elementezughörigkeit kombiniert werden, ergeben sich dadurch nochmals wesentliche Einflüsse für die Beschreibung des Charakters.

Ziege

Menschen, die im Zeichen der Ziege geboren sind (manchmal wird dieses Zeichen statt Ziege auch Schaf genannt), können keinen Stress vertragen und brauchen jemanden, der ihnen Unterstützung und Sicherheit gibt. Sie sind gutmütig, freundlich und ehrenhaft.

Ziegemenschen haben gute verstandesmäßige und künstlerische Anlagen, dazu viel Stilgefühl und Phantasie. Manchmal sind sie gefühlvoll bis zur Sentimentalität. Eine Laufbahn im kreativen Bereich bringt ihnen Erfolg. Sie stellen hohe Ansprüche, können sich aber auch anpassen und ihre Entscheidungen ändern, wenn es sein muss. Sie können im Geschäftsleben gut mit Menschen umgehen, obwohl ihnen Besitz nicht so sehr viel bedeutet, innere Werte sind ihnen wichtiger.

Die Tierkreiszeichentabelle macht tendenzielle Voraussagen für die nächsten Jahre möglich.

Wie vertragen sich die Tierkreiszeichen?

1 Ihr Zeichen	2 Harmonierende Zeichen	3 Unverträgliches Zeichen	4 Ausgleichendes Zeichen
Hund	Pferd, Tiger	Drache	Affe
Schwein	Hase, Schaf	Schlange	Affe
Ratte	Drache, Affe	Pferd	Hund
Hahn	Ochse, Schlange	Hase	Pferd
Affe	Ratte, Drache	Tiger	Schaf
Schaf	Hase, Schwein	Ochse	Drache
Ochse	Schlange, Hahn	Schaf	Hund
Tiger	Pferd, Hund	Affe	Ochse
Hase	Schwein, Schaf	Hahn	Ratte
Drache	Ratte, Affe	Hund	Hase
Schlange	Hahn, Ochse	Schwein	Affe
Pferd	Hund, Tiger	Ratte	Schlange

Affe

Menschen, die im Zeichen des Affen geboren sind, können auf Grund ihrer Phantasie und Intelligenz schnell und gewandt Probleme lösen. Zielstrebigkeit ist nicht ihre Sache, zu viele Dinge fesseln ihre Aufmerksamkeit. Daher haben sie zwar viele Liebhabereien, jedoch wenig dauerhaften Erfolg. Wegen dieser Unbeständigkeit sind sie im Alter häufig einsam. Affemenschen sind sehr lebendig und geistreich. Sie lesen viel und haben ein gutes Gedächtnis für Einzelheiten. Sie sind kontaktfreudig, mischen sich gern ein und scheuen sich nicht, andere Menschen mit List zu beeinflussen und zu manipulieren. Man sollte sie nicht unterschätzen.

Hahn

Hahnmenschen stehen gern im Mittelpunkt. Es macht ihnen Spaß, ihre Freunde mit Scherzen und lustigen Erzählungen zu unterhalten.

Menschen, die im Zeichen des Hahns geboren sind, sind phantasievoll und voller Pläne, und da sie auch gute und zielstrebige Arbeiter sind, haben sie oft Erfolg, auf den sie stolz sind. Sie haben ein großes Bedürfnis nach Anerkennung. Wenn sie die bekommen, setzen sie sich 100-prozentig ein. Manchmal sind sie zu arrogant, was ihren Angehörigen und Freunden dann peinlich ist. Hahnmenschen sind mutig, talentiert und selbstsicher. Sie sind gute Unterhalter, manchmal auf Kosten anderer, denen sie ohne diplomatisches Geschick und gerade heraus die Meinung sagen. Sie setzen sich furchtlos für die gerechte Sache ein.

Die Gegensätze ausgleichen

Was können Sie tun, wenn Sie mit einem Menschen zusammenleben oder -arbeiten müssen, der einem unverträglichen Tierkreiszeichen angehört? Gehen Sie ihm, wo Sie können, aus dem Weg. Wenn dies nicht möglich ist, versuchen Sie, bei Begegnungen immer einen wohlwollenden Dritten in der Nähe zu haben, also jemanden, dessen Tierkreiszeichen in der Tabelle Seite 87 in Spalte 2 oder in Spalte 4 aufgeführt ist.

Tierkreiszeichen und Elemente kombinieren

Sie können Ihre Elementzugehörigkeit mit Ihrem Tierkreiszeichen kombinieren und so die beiden Eigenschaftskomplexe miteinander verbinden. So gibt es z. B. einen Erde-Pferd-Typus, Wasser-Pferd-Menschen, Holz-Pferd-, Feuer-Pferd- und Metall-Pferd-Menschen. Oder auch Erde-Ratte-Menschen, Wasser-Ratte-Menschen, Holz-Ratte-Menschen, Feuer-Ratte-Menschen und Metall-Ratte-Menschen usw.

Wenn Sie Ihre Tierkreiszeichenbeschreibung und die Beschreibung Ihres Elements zusammenstellen, dann haben Sie eine Übersicht über beides. Natürlich können Sie diese Angaben auch für Ihre Partner, Kinder oder Arbeitskollegen zusammenstellen.

Wie wird Ihre Zukunft?

Es wird Ihnen gut gehen in den Jahren, die Ihrem eigenen Tierkreiszeichen entsprechen, ebenso in den Jahren, deren Tierkreiszeichen mit dem Ihren harmonieren. Weniger Erfolg versprechend sind Jahre, deren Tierkreiszeichen mit dem Ihren unverträglich sind. Schauen Sie auf den nächsten beiden Seiten nach, welche Jahreszahlen diese Jahre tragen und welches als nächstes auf Sie zukommt. Wenn Sie z. B. im Tierkreiszeichen Hund geboren sind, werden Hundjahre (z. B. 2006), aber auch Pferd- (2002) und Tigerjahre (1998) für Sie erfolgreich sein, Drachejahre (2000) dagegen weni-

Wenn Sie sich gut und stark fühlen, brauchen Sie Menschen mit einem unverträglichen Tierkreiszeichen nicht unbedingt aus dem Weg zu gehen. Sie können die Andersartigkeit dieses Menschen zum Anlass nehmen, von ihm zu lernen.

Katastrophen-jahre: Man sollte sich auf Umwelt-schäden (hier die Ölpest, die durch den Tanker Exxon Valdez ausgelöst wurde) und andere Unglücke gefasst machen.

ger. Im Jahr 1999, einem Hasejahr, wird es den Schwein-menschen und den Schafmenschen gut gehen, Proble-me dagegen werden die Hahnmenschen bekommen.

Der Lauf der Welt

Das neue Jahr-tausend wird wie ein großes Schauspiel be-ginnen. Das Jahr 2000 steht im Zeichen des Drachen.

Wie die Menschen, so haben auch die Jahre selbst ganz charakteristische Eigenschaften:

1997 war ein Jahr des Ochsen. Die Menschen blieben vorwiegend beim Alten, neue kreative Ideen waren we-niger gefragt. Kleinere Streitigkeiten kamen vor, auch lokale Kriege. Sie blieben meist begrenzt. 1997 war ein Jahr voll ernsthafter harter Arbeit und Disziplin.

1998 war ein Jahr des Tigers. Mit Kriegen und Natur-katastrophen in größerem Ausmaß musste gerechnet werden. Menschen verloren die Nerven; Beleidigungen nahmen zu, und Freundschaften oder Partnerschaften gingen in die Brüche. Das kann auch eine reinigende und klärende Wirkung haben. Wohl dem, der neue Unternehmungen auf das Jahr 1999 verschoben hat. Tigerjahre sind stets voller Unruhen und Gefahren.

1999 ist ein Jahr des Hasen. Hasejahre sind glückliche Jahre ohne größere Krisen. Sie bringen Ruhe und Frieden nach dem aufregenden Tigerjahr. Anstatt andere zu bekriegen, versucht man, sie zu überzeugen und zu versöhnen. Unangenehme Entscheidungen werden umgangen oder hinausgeschoben. Die Menschen geben sich locker und entspannt und genießen die Freizeit.

2000 ist ein Drachejahr. Drachejahre bringen Begeisterung, Energie und Optimismus. Sie sind auch voller dramatischer Ereignisse, wie z. B. Überschwemmungen und Waldbrände. Alles was geschieht, geschieht in großem Maßstab – sowohl Triumphe, Zusammenbrüche, Erfolge und Niederlagen. Drachejahre sind großartige Schauspiele.

2001 ist ein Jahr der Schlange. Politische Ereignisse sind von Weisheit, Diplomatie und Eleganz geprägt. Wir können Aufsehen erregende wissenschaftliche Fortschritte erwarten. In Schlangejahren werden Schönheit, Kunst und Mode in den Vordergrund gestellt.

2002 wird ein Jahr des Pferds sein. Pferdjahre sind voll abenteuerlichen Geistes, wo Menschen Risiken eingehen, um weiterzukommen.

Wirksamere Produktionsmethoden werden eingeführt, neue Projekte gestartet und Pläne verwirklicht. Die vielfachen Aktivitäten können sich auf manche Menschen erschöpfend auswirken.

2003 wird ein Jahr der Ziege sein, also eher friedlich und beschaulich. Konflikten wird aus dem Weg gegangen, und man strebt vermehrt nach Versöhnung. Geschäftliche Unternehmungen und Karrieren nehmen nicht mehr den ersten Platz ein, Kunst und Kultur treten mehr in den Vordergrund.

Nach dem chinesischen Kalender sind die nächsten Jahre für die Menschheit eher positiv. Gerade im Jahr 2001 ist mit aufregenden wissenschaftlichen Entdeckungen zu rechnen.

Feng Shui und Gesundheit

Im Kapitel »Die Kompassschule« haben Sie die zwei Himmelsrichtungen kennen gelernt, die mit Ihrer Gesundheit zu tun haben, nämlich eine günstige, die unter dem Stichwort »Gesundheit« beschrieben ist, und eine ungünstige, die mit dem Stichwort »Krankheit« benannt ist. Notieren Sie unten, welche Richtungen das für Sie sind. Falls mehrere Personen in Ihrer Wohnung leben, machen Sie eine Liste für alle Bewohner.

Der Sektor »Gesundheit«

Es ist für Ihre Gesundheit förderlich, wenn Ihr Bett im Gesundheitssektor der Wohnung steht, wenn ferner das Esszimmer sich dort befindet oder natürlich auch der Fitnessraum, falls Sie einen solchen haben. Versuchen Sie in jedem Fall, Ihre Fitnessübungen in diesem Wohnungsbereich durchzuführen. Auch das Wohnzimmer sollte in einer günstigen Richtung liegen.

Wenn Sie häufig Kopfschmerzen, Migräne oder Rückenschmerzen haben, wenn Sie an einer ernsthaften oder chronischen Krankheit leiden, stellen Sie Ihr Bett in Ihren persönlichen Gesundheitssektor, und zwar so, dass das Kopfende in Ihre Gesundheitsrichtung zeigt.

Kopfschmerzen können die verschiedensten Ursachen haben. Das Bett umzustellen kann ein erster Schritt für eine Besserung sein. Vielleicht genügt er schon.

Himmelsrichtung		
Name	»Gesundheit«	»Krankheit«
Ich	❏	❏
Mein Partner	❏	❏
. . . .	❏	❏

Gesundheit im Einklang mit der Natur: Feng Shui kann Ihnen helfen, dieses Ziel zu erreichen.

Wichtig: Das Chi sollte seinen Weg nicht direkt durch Ihr Bett nehmen.

Auch für Haustiere gibt es entsprechend ihrem Geburtsdatum günstige und ungünstige Wohnungssektoren. Katzen werden sich ihren Lieblingsplatz selbst suchen. Für Tiere im Käfig treffen Sie die Entscheidung.

Wenn mehrere Personen in Ihrem Haushalt leben, deren günstige Himmelsrichtungen voneinander abweichen, lassen Sie demjenigen mit der schwächsten Gesundheit den Vortritt, d. h., lassen Sie ihn auf jeden Fall in seinem Gesundheitssektor und mit dem Kopf in seiner Gesundheitsrichtung schlafen, damit er genesen kann. Das kann eventuell auch ein älterer, behinderter oder kranker Verwandter sein, der gepflegt werden muss, oder ein verwitweter Angehöriger.

Günstig ist es ebenfalls, wenn Ihre Wohnungstür und Ihre Schlafzimmertür sich zu Ihrer Gesundheitsrichtung hin öffnen und wenn der Herdanschluss für die Elektro- oder Gasleitung in diese Richtung zeigt.

Verstärken Sie das heilende Chi in diesem Wohnungssektor durch Pflanzen, Zimmerbrunnen und viel Licht.

Der Sektor »Krankheit«

Da Sie sich den Feng-Shui-Regeln zufolge in diesem Wohnungsteil schwere Krankheiten zuziehen können, sollten sich dort natürlich nicht Ihr Bett, der Herd oder das Esszimmer befinden; auch sollten das Kopfende

Ihres Betts, die Schlafzimmertür und die Wohnungstür nicht in diese Richtung weisen. Die Stellung des Betts ist hierbei der wichtigste Faktor.

Wenn ein Familienmitglied erkrankt oder sich über längere Zeit hinweg nicht wohl fühlt, stellen Sie fest, ob sein Bett in seinem Krankheitssektor steht oder in seine Krankheitsrichtung zeigt.

Weitere krank machende Einflüsse

Häufiger Aufenthalt im Krankheitssektor ist immer von Nachteil, etwa wenn ein oft benutzter Arbeitstisch in diesem Sektor steht, z. B. der Küchentisch oder auch die Nähmaschine oder die Werkbank. Wichtig für die Gesundheit Ihres Kindes ist, dass das Kinderzimmer keinesfalls im Krankheitssektor des Kindes liegt.

Beachten Sie auch die krank machenden Einflüsse von ungünstigem Chi, das durch einen Berg vor dem Haus, Wasser hinter dem Haus, eine auf die Eingangstür zulaufende Straße verursacht wird, oder durch Giftpfeile, die von Dachecken oder von hohen Bäumen und Fabrikschornsteinen vor dem Eingang ausgehen.

Die Änderung der Schlafrichtung kann den Gesundheitszustand verbessern. Überhaupt wirkt sich jede Veränderung an oder in der Wohnung auf die Bewohner und möglicherweise ihren Gesundheitszustand aus.

Belastung durch Vergangenes – ein Fallbeispiel

Frau H. L. litt unter Arthritis und konnte nur mühsam am Stock gehen. Als ich ihre Wohnung betrat, prallte ich fast zurück, weil bereits der Flur und dann auch das Wohnzimmer mit schweren schwarzbraunen Massivholzmöbeln vollgestellt waren. Man konnte sich kaum dazwischen hindurchzwängen.

Die Dame erklärte, dass es sich um die Möbel ihres vor acht Jahren verstorbenen Mannes handelte, der diesen spanischen Stil besonders liebte. Im Andenken an ihn hielt sie diese Möbel in Ehren. Aber – obwohl sie sich dessen nicht bewusst war – an ihrem Gang konnte man sehen, welche Belastung diese Hinterlassenschaft für sie war. Kürzlich ist sie nun umgezogen in eine kleinere Wohnung und hat dabei die dunklen schweren Möbel weggegeben. Ihre Zimmer sind jetzt sehr sparsam mit hellen Kiefernmöbeln eingerichtet – und sie benötigt keinen Stock mehr zum Gehen.

Im Körper gestautes Chi führt auf die Dauer zu Krankheiten. Die Störungen äußern sich zuerst an den individuellen Schwachstellen.

Das Chi und die Gesundheit

Unser Körper wird durch die harmonisierende Lebenskraft Chi gesund erhalten. Menschen mit einem hohen Chi-Anteil sind gesund und ziehen das Glück an. Das Chi benutzt bestimmte Wege im Körper, die Meridiane. Die Meridiane sind keine Gefäße, wie die Blutgefäße, sondern unsichtbare Richtlinien, etwa wie die Luftwege für Flugzeuge, die sich ja auch an bestimmte Routen halten, obwohl am Himmel keine Verkehrsschilder stehen.

In den Meridianen können bisweilen Staus auftreten, dann sitzt das Chi fest und kann nicht weiterfließen. Leider ist es nicht so, dass diese Staus oder Blockierungen sich bei genügend Ruhe, in der Freizeit oder im Urlaub immer von selbst wieder auflösen. Wenn sie aber bestehen bleiben, führen sie auf die Dauer zu Schmerzen und zu Krankheiten, da der Körper ja an den dahinter liegenden Stellen nicht mehr genügend mit Chi versorgt wird. Dies haben die Chinesen schon vor langer Zeit erkannt.

Um die Gesundheit des Menschen zu erhalten bzw. wiederherzustellen, behandelten die chinesischen Ärzte von jeher in erster Linie die Meridiane. Ihre Hauptmethoden sind Akupunktur, Massage, Qi Gong und Ernährung.

Akupunktur und Akupressur

Bei der Akupunktur stellt der Arzt fest, welcher Meridian an welcher Stelle verstopft ist, und setzt Nadeln an bestimmte Punkte des Meridians. (Diese Punkte sind von alters her bekannt und in entsprechenden Atlanten aufgezeichnet.) Dadurch werden die Blockierungen aufgelöst, und das Chi kann wieder fließen. Eine Abart der Akupunktur ist die Akupressur, wo die betreffenden Punkte mit den Fingern gedrückt werden. Diese Methode kann auch von Laien durchgeführt werden und bringt bei Alltagsbeschwerden oft schnelle Linderung.

Massage

Die so genannte Akupunktmassage ist schon vor über 2000 Jahren entwickelt worden, »zur Befreiung der Meridiane und Nebengefäße von Blockierungen, die durch Angst oder Überanstrengung entstanden sind«, wie es in einem medizinischen Werk aus dem 4. Jahrhundert v. Chr. heißt. Sie wird aber auch zur Heilung vieler anderer Leiden eingesetzt.

Sie besteht aus verschiedenen Arten des Drückens, Reibens und Knetens entlang den Meridianen, wodurch das Chi in Bewegung gebracht wird. Da die Meridiane alle sowohl mit inneren Organen als auch mit bestimmten Muskel- und Hautpartien verbunden sind, können so sämtliche Körperpartien und auch der davon abhängige seelische Zustand günstig beeinflusst werden.

Bei der Akupressur werden die Meridianpunkte nur massiert – die Methode eignet sich also gut zur Selbstbehandlung. In einschlägiger Literatur kann man sich kundig machen, wo z. B. die besten Punkte gegen Kopfschmerzen liegen.

Qi Gong

Qi Gong ist eine Kombination von Konzentrations-, Atem- und Bewegungsübungen und hat in letzter Zeit auch in Europa Eingang gefunden. Unabhängig davon sind bei uns in den letzten Jahrzehnten auch eigene atemtherapeutische und krankengymnastische Verfahren zur Vorbeugung und Heilung sowie zur Rehabilitation entwickelt worden.

Normalerweise stärkt das Chi das Immunsystem des Körpers. Es gibt aber auch ein krank machendes Chi, das bei Störungen im Körper entsteht und von dem guten Chi bekämpft wird.

Solch schlechtes Chi wird durch äußere Einflüsse, aber auch durch die eigenen Gedanken und Gefühle wie Trauer, Angst, Zorn usw. hervorgerufen. Die Konzentrationsübungen des Qi Gong bewirken, dass diese Gefühle ausgeschaltet werden. Die Atemübungen bewirken, dass Gesundheit förderndes Chi im Körper gespeichert wird, denn das Qi Gong geht davon aus, dass wir mit dem Atem gesundes Chi aufnehmen. Die Bewegungsübungen bewirken, dass durch die Muskeltätigkeit die Meridiane und Akupunkturpunkte leicht massiert werden und so das Chi in Fluss gebracht wird.

Die Abstrahlungen strombetriebener Geräte kann das menschliche elektromagnetische Körperenergiefeld aus dem Gleichgewicht bringen. Mit einem Stromfreischalter erzielen Sie nachts einen ruhigen Fluss des Chi.

Das Rutengehen

Seit Jahrtausenden haben die Chinesen die Radiästhesie in das Feng Shui einbezogen. Radiästhesie ist die Lehre vom Rutengehen, d. h. von der Arbeit mit der Wünschelrute, einem gegabelten Hasel- oder Weißdornzweig. Heute gibt es Wünschelruten auch aus Stahl, und man kann sie in Esoterikläden kaufen.

Sie werden benutzt, um festzustellen, ob sich unter einer Wohnung eine Wasserader befindet. Mit der Wünschelrute kann man u. a. auch Erzvorkommen orten sowie unterirdische Erdverwerfungen oder Wasser führende Erdschichten, die man anbohren kann, um einen Brunnen zu bauen.

Umgang mit der Rute

Fassen Sie die beiden dünneren Enden der Rute so mit den Händen, dass das dicke Ende waagerecht von Ihnen wegzeigt. Drehen Sie die linke Hand aus dem Handgelenk heraus ein wenig auf sich zu und die rechte genauso weit von sich weg. Dadurch entsteht in dem Zweig die so genannte Biegespannung, die Voraussetzung für das Ausschlagen ist. Halten Sie im übrigen Hände und Arme locker. Üben Sie ein paar Mal, mit der so gehaltenen Rute herumzugehen, bis Sie sich selbstverständlich und ohne Verkrampfung bewegen. Seien Sie offen, und warten Sie einfach ab, was geschieht. Schalten Sie Ihre Zweifel und misstrauischen Gedanken ab. Gehen Sie nun mit kleinen Schritten langsam über Ihren Schlafzimmerfußboden oder ein Stück Ihres Gartens. Wenn dann die nach vorn weisende Spitze der Rute plötzlich nach oben – seltener auch nach unten – wegschnellt, befindet sich an dieser Stelle unter der Oberfläche fließendes Wasser oder auch eine Stromleitung.

Der Umgang mit der Rute erfordert viel Gespür. Mit einiger Übung werden Sie aber immer sicherer werden, wann sie eindeutig ausschlägt.

Die Meridiane der Erde

Wie der Mensch besitzt jedes Lebewesen und auch die Erde Meridiane, d. h. Leitlinien, an denen entlang das Chi sich fortbewegt. Unsere Vorfahren kannten den Verlauf dieser Erdmeridiane oder Ley Lines, wie sie im Englischen genannt werden. Die großen Steinsetzungen oder Hünengräber in England, Skandinavien und Norddeutschland, von denen die bekannteste wohl

Die Oberfläche der Weltkugel ist von einem Gitternetz an Energieströmen überzogen, dem so genannten Hartmann-System. Zusätzlich verlaufen unregelmäßige andere Energieströme über die Erdoberfläche.

Stonehenge ist, sollen auf den Kreuzungspunkten dieser Kraftlinien errichtet worden sein, ebenso wie andere Heiligtümer, z. B. die Externsteine in Westfalen.

In neuester Zeit sind diese Kraftlinien wissenschaftlich untersucht und beschrieben worden. Wilhelm Gerstung und Jens Mehlhase stießen dabei auf verschiedene Strukturen im Erdmagnetfeld, z. B. das Hartmann-System, ein Gitternetz von Energieströmungen, dessen Aufbau aus vielen nebeneinander und übereinander liegenden Würfeln besteht. Die Entfernung zwischen den Kreuzungspunkten beträgt senkrecht etwa 2,0 Meter und waagerecht etwa 2,5 Meter. Die Seitenwände und Kreuzungspunkte dieser Energiewürfel können Schlafstörungen, Allergien, Neurodermitis und andere Krankheiten verursachen, wenn sie das Bett eines Menschen durchschneiden. Es gibt weitere solche Systeme, bei denen die Kreuzungspunkte 170 Meter voneinander entfernt sind oder auch 10 bzw. 250 Meter. Sie können sich gegen diese Energiefelder durch Polystyrolhartschaumplatten oder dicke Korkplatten abschirmen.

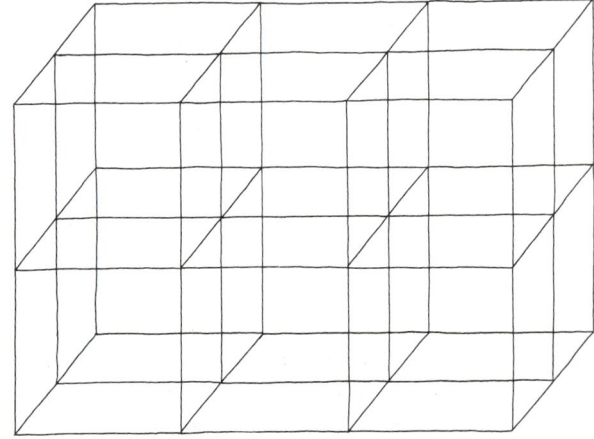

Die Proportionen des so genannten Hartmann-Systems: Alle waagerechten Linien sind etwa 2,5 Meter lang, die senkrechten 2,0 Meter.

Akupunktur an der Erde

Es gibt Fachleute, die die Kraftlinien benutzen, um an den Erdmeridianen eine Art Akupunktur durchzuführen. Sie bohren an den Kreuzungspunkten der Kraftlinien lange Metallpfähle als überdimensionale Akupunkturnadeln in den Boden. In Radiästhesiezeitschriften wird über einen solchen Versuch berichtet, bei dem diese metallenen »Akupunkturnadeln« später durch steinerne Bildsäulen ersetzt wurden. Diese lösten tatsächlich Blockierungen in den Kraftlinien der Erde auf, und die vorher gemessenen Störungen verschwanden daraufhin.

Elektrosmog

Eine neue Gefahr für die Gesundheit ist in den letzten Jahren durch die rapide Zunahme von elektrischen Leitungen und Geräten entstanden, die unablässig schädigende Schwingungen in ihre Umgebung hinausstrahlen, angefangen beim Fernsehapparat, über Herde, Mix- und Grillgeräte, Staubsauger und Waschmaschinen bis zum Computer und den allgegenwärtigen Handys. Wie die Gesellschaft für Elektrosmogforschung festgestellt hat, werden durch diese Ausstrahlungen Stress und Krankheiten wie Kopfschmerzen, Schlafstörungen und sogar Krebs erzeugt. Versuche in den USA lassen vermuten, dass die elektromagnetischen Felder den Informationsfluss zwischen den Körperzellen stören und dadurch – zusammen mit anderen Faktoren – den Körper aus dem Gleichgewicht bringen.

Inzwischen gibt es Spezialgeräte, mit denen man den Elektrosmog in der Wohnung messen kann, so dass man weiß, wann die kritische Grenze erreicht ist und Gegenmaßnahmen ergriffen werden müssen.

Es wurde beobachtet, dass Vogelschwärme auf ihrem Zug nach Afrika bestimmten Energielinien folgen.

Heilung durch Ernährung

Auch wenn Ihr Bett im Gesundheitssektor Ihrer Woh-nung steht und mit dem Kopfende in Ihre Gesundheits-richtung zeigt, können Sie krank werden – wenn Sie z. B. regelmäßig schädliche Nahrungsmittel zu sich nehmen. Was aber ist schädliche Nahrung? Das ist individuell ver-schieden und richtet sich nach Ihrer Stellung zwischen den Polaritäten Yin und Yang sowie nach Ihrer Elementzugehörigkeit.

Ernährung nach den fünf Elementen

Feng Shui ist, wie viele der östlichen Weisheiten, auf ein ganzheitliches Menschenbild ausgerichtet, bei dem alle Faktoren eine Rolle spielen. Ganz besonders wichtig sind die Dinge, die wir verinnerlichen, vor allem also die Nahrungsmittel.

Die fünf Elemente und ihre Nahrungsmittel

Sie haben in den vorhergehenden Kapiteln bereits Ihr eigenes Element kennen gelernt und auch erfahren, welches Element Ihnen schadet. Schauen Sie in der Ta-belle auf Seite 104 nach, welche Nahrungsmittel, welche Körperorgane, welche Farben und welche Geschmacks-richtungen zu diesen Elementen gehören.

Typisch für das Element Feuer sind schwarzer Tee, Zigaretten und Kaffee. Sie stärken das Yang und regen an, aber wenn man zu viel davon nimmt, wird man unru-hig und überdreht. Gehen Sie vorsichtig damit um, und

Jedem Element sind bestimmte Speisen zuge-ordnet, die den Menschen dieses Elements beson-ders gut tun. Wenn jeman-dem eine Speise aber wider-strebt, soll er sie besser nicht es-sen. Vielleicht verträgt der Körper sie nicht.

Gesunde Ernäh-rung: Menschen in Fernost haben deutlich seltener Herz-Kreislauf-Erkrankungen als wir im Westen.

beugen Sie einer Überhitzung und Austrocknung vor, indem Sie Rote Bete, Grapefruit, Endivie und Chicorée zu sich nehmen. Diese Nahrungsmittel wirken bei Stress, Nervosität und Sommerhitze ausgleichend. Zur Abkühlung sind auch Kompotte, Beeren und Früchte-tees geeignet.

Die Chinesen fassen die Feuerspeisen unter der Bezeichnung »bitter« zusammen. Dem Element Feuer sind die Organe Herz und Dünndarm zugeordnet.

Dem Element Holz entsprechen Salate, grüne Gemüse und Kräuter, alle Kohlarten, aber auch Weizen, Dinkel und Grünkern. Holznahrungsmittel werden als sauer bezeichnet. Durch die Säure bewahren sie die Säfte im Körper. Das Frühjahr ist die Zeit des Holzes, in der es einem neuen Wachstumsschub folgt. Nehmen Sie also besonders im Frühjahr Holznahrung zu sich. Das entgiftet, befreit den Körper von den Ablagerungen des Winters. Dem Element Holz entsprechen die Organe Leber und Gallenblase, die auch von Giften befreien.

Erdespeisen sind Grundnahrungsmittel für alle Jahreszeiten, Wassernahrung ist dagegen vor allem für den Winter geeignet.

DIE FÜNF ELEMENTE

Element	Holz	Feuer	Erde	Metall	Wasser
Passende Speisen	Erbsen Kohl Spinat Zitrone	Tomaten Paprika (rot) Krabben Chicorée	Eier Möhren Melonen Getreide	Fisch Huhn Eiweiß Gewürze	Schwarze Bohnen Rindfleisch Pilze Salz
Geschmack	Sauer	Bitter	Süß	Scharf	Salzig
Farbe	Grün	Rot	Gelb, Braun	Weiß, Gold	Dunkel
Körperbereich	Leber Gallenblase	Herz Dünndarm	Milz Magen	Lunge, Dickdarm	Nieren Blase
Jahreszeiten	Frühling	Sommer	je 18 Tage	Herbst	Winter

Dem Element Erde sind alle Vollwertgetreide, verschiedene Fleischsorten und Nüsse zugeordnet. Die Chinesen geben diesen Speisen die Qualität »süß«. Süßes – außer Fabrikzucker – baut Energie auf.

Süße Speisen wirken im chinesischen Sinn auch befeuchtend. Damit ist gemeint, dass die Zellflüssigkeit vermehrt wird. Süße, anfeuchtende Lebensmittel sind z. B. Gemüse, Milchprodukte, Zucker, Honig, Obst, Getreide. Zu viel Feuchtigkeit hat der Körper z. B. bei Übergewicht; in solchen Fällen sollte man solche Speisen meiden.

Dem Element Erde entsprechen die Körperteile Milz und Magen.

Dem Element Metall sind scharfe Speisen zugeordnet, wie z. B. Gewürze, vor allem Pfeffer. Eine scharfe Frucht ist der Ingwer, als scharfe Gemüse gelten Kohlrabi, Rettich, Lauch, Zwiebeln und Meerrettich.

Scharfe Gewürze und Speisen lösen Energieblockaden z. B. bei Erkältungen. Innere Kälte rührt von einer Stagnation des Chi her.

Das kommt natürlich häufiger im Winter vor. Zur Vorbeugung sollte man schon im Herbst etwas für Lunge und Dickdarm tun, indem man Vollkornreis zu sich nimmt und auch Sellerie, Blumenkohl oder Schwarzwurzeln.

Dem Element Metall entsprechen die Organe Lunge und Dickdarm.

Dem Element Wasser sind gekochte Gerichte wie Suppen, Gemüsegerichte und Eintöpfe angemessen, denn gekocht wird ja mit Wasser. Diese Gerichte wärmen und eignen sich vor allem für den Winter. Nehmen Sie keine Lebensmittel direkt aus dem Kühlschrank zu sich. Das führt zu einer Abkühlung der Organe und ist vor allem im Winter schädlich. Besser sind Aufläufe, gekochtes

Feuerspeisen sind Reizmittel, Holzspeisen bestehen vorwiegend aus frischen, grünen Blättern.

Fleisch oder Getreide mit erwämenden Gewürzen. Die Chinesen fassen diese Nahrungsmittel unter der Qualität »salzig« zusammen.

Mit dem Element Wasser haben besonders die Organe Nieren und Blase zu tun.

Essen Sie öfter die Sie stärkenden Nahrungsmittel, aber nehmen Sie sie nur so häufig zu sich, wie sie Ihnen wirklich schmecken.

Die fünf Elemente und die Organe

Wie Sie in der Tabelle auf Seite 104 sehen, sind jedem der fünf Elemente auch bestimmte Körperorgane zugeordnet. Wenn Sie oder einer Ihrer Angehörigen krank ist, suchen Sie in dem oben stehenden Fünf-Elemente-Schema den erkrankten Körperbereich auf, und gehen Sie von da aus in der Tabelle senkrecht nach oben. In der ersten Zeile finden Sie diejenigen Speisen, die für die erkrankten Organe heilsam sind.

Sie können auch aus der zweiten Zeile die Geschmacksrichtung oder aus der dritten Zeile die Farbe zu Hilfe nehmen und dem Kranken dann zur Heilung Speisen in der entsprechenden Farbe geben, bei Leber-Gallenblasen-Beschwerden also z. B. grüne Erbsen, Spinat und Lauch, bei Herzbeschwerden rote Tomaten, bei Magenschmerzen Eigelb oder Melonenscheiben, bei Lungenbeschwerden weißes Hühnerfleisch oder Fisch.

Sie können weiter zur Genesung beitragen, wenn Sie in der Tabelle dasjenige Element herausfinden, welches die erkrankten Organe stärkt.

Holzorgane

Der Holzcharakter zeigt sich im Körper darin, dass solche Menschen zu wucherndem Krankheitsgeschehen neigen, zu plötzlichem hohem Fieber oder sich ausbreitenden Entzündungen. Geben Sie in solchen Fällen dem Patienten nicht nur Holzspeisen wie grünes Gemüse und Weizen, sondern auch Wassernahrung, wie z. B. Rindfleisch, denn Wasser stärkt das Holz. Die Leber ist das starke Organ der Holzmenschen.

Wasserorgane

Im Körper des Wassermenschen sind Nieren und Blase gut ausgebildet. Anfällig sind dagegen Herz und Kreislauf. Diese sind jedoch bei Feuermenschen die stärksten Organe. Haben Sie also Herz-Kreislauf-Beschwerden, können Sie dem durch Feuernahrung wie Tomaten, Paprika und Krabben entgegenwirken.

Feuerorgane

Das rote Blut repräsentiert das Element Feuer im Körper, dazu gehören auch das Herz und die Blutgefäße, die bei Feuermenschen meist gut funktionieren. Lunge, Haut und Dickdarm sind dagegen anfällig für Krankheiten. Wenn Sie oft Husten haben, können Sie durch Metallnahrung, wie z. B. Huhn, zur Stärkung Ihrer Lunge beitragen, denn die Lunge ist eines der starken Organe von Metallmenschen.

Erdeorgane

Die inneren Organe repräsentieren die Erde im Körper. Sie arbeiten zuverlässig, vor allem Milz und Magen. Anfälliger für Krankheiten sind Knochengerüst und Nieren. Wassernahrung kann zur Stärkung Ihrer Nieren beitragen.

Metallorgane

Dickdarm und Lunge sind die starken Organe des Metallmenschen. Schwächen können bei ihm jedoch im Bereich von Nerven und Kreislauf auftreten. Geben Sie

Typische Erdemenschen brauchen sich wegen ihres Magens keine Sorgen zu machen. Bei ausgewogener Ernährung funktioniert er bestens. Da sind ihre Knie schon weitaus anfälliger.

dann dem Patienten Erdenahrung, wie z. B. Melone und Kartoffeln, weil Erde das Metall stärkt. Außerdem können Sie die Krankenkost durch eine sparsame Verwendung der in der Tabelle angegebenen Gewürze bereichern.

Zusammenfassung

Die Elemente mit den für sie charakteristischen Nahrungsmitteln haben auch mit den Jahreszeiten zu tun. Da wir aber nur vier Jahreszeiten haben, ist das Erdelement auf das ganze Jahr verteilt und jeweils den ersten und den letzten 18 Tagen einer Jahreszeit zugeordnet.

Die Chinesen kennen bestimmte Kernjahreszeiten, die jeweils von einem Element besonders beeinflusst werden.

Der eigentliche **Frühling** dauert daher nach dem Feng Shui vom 13. Februar bis zum 27. April. In dieser Zeit soll man bevorzugt Mangold, Brokkoli, Spinat, Dinkel, Weizen und Grünkern essen.

Der **Sommer** liegt zwischen dem 16. Mai und dem 29. Juli. Hier soll man vor allem kühlende Lebensmittel wie Kopfsalat, Artischocken und Radicchio zu sich nehmen und reichlich mit Oregano, Salbei, Thymian und Rosmarin würzen.

Der **Herbst** umfasst die Zeit vom 18. August bis zum 29. Oktober. Für diese Zeit werden Lauch, Zwiebeln, Meerrettich, Reis und Hafer empfohlen.

Der **Winter** liegt zwischen dem 16. November und dem 27. Januar, und man sollte sich vorwiegend von weißen oder schwarzen Bohnen, getrockneten Erbsen und Fisch ernähren.

Die dazwischen liegenden Erdezeiten dauern vom 28. Januar bis zum 12. Februar, vom 28. April bis zum 15. Mai, vom 30. Juli bis zum 17. August und vom 30. Oktober bis zum 15. November. In diesen Zeiten werden Möhren und Fenchel sowie Hirse und Mais besonders empfohlen.

Seelisch bedingte Krankheiten

Wie die psychologische Forschung mehr und mehr erkennt, können körperliche Krankheiten auch durch seelische Verletzungen und Ausnahmezustände entstehen. Die Chinesen kennen einen Zusammenhang zwischen intensiven Gefühlen und den fünf Elementen und leiten daraus Heilungsmöglichkeiten ab. Lesen Sie dazu die unten stehende Tabelle.

Wer sich mehr von einer bestimmten Emotion wünscht, z. B. Zorn für die Kraft der Veränderung, kann die entsprechende Qualität mit der Nahrung aufnehmen, in diesem Fall mit Erbsen, Spinat und Zitrone.

Freude

Das Gefühl der Freude ist dem Element Feuer zugeordnet. Es wird ausgeglichen durch Pflanzen und die Farbe Grün. Wenn Menschen keine Freude empfinden können, deprimiert sind, und wenn es ihnen an Leidenschaft, Gefühl und Spontaneität fehlt, sollten sie Feuernahrung wie beispielsweise Tomaten, Paprika und Chicorée essen.

Menschen, die sprunghaft und flatterhaft sind, ihre Berichte übertrieben ausschmücken und wenig Sinn für Realitäten haben, sollten Feuernahrung meiden. Dagegen kann Erdenahrung, wie z. B. Möhren und Getreide, ihr Gemütsleben stabilisieren.

ELEMENTE, STIMMUNG UND NAHRUNG					
Element	Holz	Feuer	Erde	Metall	Wasser
Gefühle	Zorn	Freude	Sorge	Trauer	Angst
Geschmack	Sauer	Bitter	Süß	Scharf	Salzig
Passende Speisen	Erbsen Kohl Spinat Zitrone	Tomaten Paprika (rot) Krabben Chicorée	Eier Möhren Melonen Getreide	Fisch Huhn Eiweiß Gewürze	Schwarze Bohnen Rindfleisch Pilze Salz

Sorge

Die Sorge ist dem Element Erde zugeordnet. Menschen, die anderen mit Misstrauen begegnen, wankelmütig sind und wenig Sinn im Leben sehen, mangelt es an Erde. Sie sollten mehr Erdenahrungsmittel zu sich nehmen, vor allem Getreidegerichte, Eier und Möhren. Gerät die Sorge außer Kontrolle, so dass der Mensch unablässig denselben Gedankenkreislauf abspult, wenn er sich nicht mehr richtig konzentrieren kann, verhilft ihm das Feuerelement mit roten Farbtupfern und dreieckigen Formen sowie den Feuernahrungsmitteln zur Sammlung.

Zum Erdecharakter gehört es dazu, dass man die Gaben der Natur auskostet. Wer jedoch ohne Selbstkontrolle seiner Genusssucht folgt, sollte Erdenahrung besser meiden.

Gefühle haben immer zwei Seiten: Sorge z. B. kann sich negativ äußern, indem der Mensch für neue Pläne nicht mehr offen ist. Andererseits ist mit der Sorge die Fürsorge verwandt, also das positive Kümmern um das Wohlbefinden anderer.

Trauer

Das Gefühl der Trauer ist dem Element Metall zugeordnet. Gerät jemand durch einen Schock aus der Fassung, sollte man den Metallanteil durch weiße Farben und runde Formen sowie Metallnahrungsmittel, z. B. Fisch und Hühnerfleisch stärken. Ist umgekehrt der Mensch zu rührselig und bricht beim geringsten Anlass in Tränen aus, sollte er Nahrung mit Metallcharakter eher meiden. Ebenso, wenn er übertrieben sparsam ist und das Metall (Geld) hortet.

Übungsvorschlag

Schauen Sie im aufbauenden Elementekreislauf (siehe Seite 74) nach, welches Element das Metall unterstützt. Auch dieses Element mit seinen Nahrungsmitteln kann bei Trauer helfen.

Angst

Das Gefühl der Angst ist dem Element Wasser zugeordnet. Wenn Menschen scheu und ängstlich oder unstet und unruhig sind, kann man mit blauer Farbe und Wassernahrung, wie z. B. schwarzen Bohnen, Rindfleisch und Pilzen, eine Linderung erreichen.

Wassernahrung meiden sollten Menschen, die reden wie ein Wasserfall und sich für die Angelegenheiten ihrer Mitmenschen allzu sehr interessieren, oder solche, die zu wenig Angst haben und leichtsinnig werden. Das Element Metall mit runden Formen und der Farbe Weiß kann ihr Verhalten stabilisieren.

Angst hemmt und lähmt die Lebenskraft. Wenn ängstliche Menschen ihrer Angst aber positive Energie verleihen, wird aus der Angst Umsicht, die allen ihnen Nahestehenden zugute kommt.

Zorn

Gefühle von Wut und Zorn sind dem Element Holz zugeordnet. Bei Menschen, die zu Wutausbrüchen neigen, muss das Element Holz gestärkt werden. Oft sind sie innerlich unsicher und werden daher aggressiv. Grünpflanzen und die Farbe Grün können ihre Gemüter besänftigen. Sie sollten Holznahrungsmittel zu sich nehmen, wie sie in der auf Seite 109 stehenden Tabelle aufgeführt sind, z. B. Erbsen, Kohl und Spinat.

Menschen, die zu viele Holzanteile in ihrem Verhalten haben und ihre Mitmenschen regelrecht vereinnahmen, sollten Holznahrung meiden.

Zusammenfassung

Grundsätzlich ist Feng Shui Arbeit mit dem Chi und am Chi. Man kann es mit anderen Heilweisen kombinieren, wie Akupunktur, Atemtherapie, Aromatherapie, Körperenergiearbeit, Bach-Blütentherapie usw. In jedem Fall ist ein sensibler Umgang mit uns selbst und unserer Umwelt Voraussetzung für die Wirkung des Feng Shui.

Yin und Yang

Yin und Yang sind die beiden Urgegensätze, die zusammen die Ureinheit bilden, was in dem Yin-Yang-Symbol bildlich dargestellt wird. Ihre Vereinigung bringt Harmonie; überwiegt jedoch eins von beiden, ergibt sich Unausgeglichenheit. Yin und Yang sind keine statischen Zustände, sondern Veränderungsrichtungen, die ineinander übergehen, so dass eine Situation oder ein Mensch jetzt mehr nach Yin hin tendiert, sich aber morgen schon in Richtung Yang verändern kann. Typisch sind z. B. der Wechsel von Warm nach Kalt und wieder nach Warm oder der Wechsel von Tag und Nacht.

Die Stellung eines Menschen zwischen Yin und Yang ist immer im Fluss.

Sind Sie Yin oder Yang?

Natürlich ist eine Person nie nur das eine oder das andere – man kann höchstens von einer Tendenz sprechen. Das hängt u. a. davon ab, wie alt sie ist, wo sie wohnt, welchen Beruf sie hat und ob sie männlich oder weiblich ist.

Das Geburtsdatum

Wenn Sie im Winter oder Frühjahr geboren sind – etwa zwischen dem 1. Dezember und dem 31. Mai –, sind Sie von der körperlichen Konstitution her vorwiegend Yin. Wenn Sie im Sommer oder Herbst, etwa zwischen dem 1. Juni und dem 30. November, geboren sind, sind Sie vorwiegend Yang.

Alter und Geschlecht

Kinder unter sieben Jahren kann man noch nicht eindeutig auf Yin oder Yang festlegen, sie sind noch in der Entwicklungsphase. Im Erwachsenenalter sind Frauen

Alles ist im Fluss, und alle Gegensätze durchdringen einander wie Wellental und -berg. Das Yin-Yang-Zeichen ist Symbol für diesen Kreislauf.

eher Yang und Männer eher Yin. Bei älteren Menschen über 65 Jahre werden die Yin-Faktoren allmählich abgebaut. Um das zu kompensieren, muss Yin von außen zugeführt werden – z. B., indem man Nahrung mit Yin-Charakter zu sich nimmt.

Ein ungleiches Verhältnis zwischen Yin- und Yang-Anteilen lässt sich ändern. Dazu ist es nötig, sich bewusst zu werden, was in der aktuellen Lebensweise fehlt.

Beruf und Umgebung

Körperliche Arbeit verstärkt Ihre Yang-Anteile, während mehr geistige Arbeit Ihre Yin-Anteile vermehrt. Man kann also z. B. bei Bauarbeitern mehr Yang, bei Büroangestellten mehr Yin vermuten.

In warmen Ländern und Gebirgsgegenden tendiert die Umwelt mehr nach Yin, in kalten und Küstenländern mehr nach Yang.

Ebenso verstärken Tiefdruckgebiete oder eine Warmfront das Yin, Hochdruckgebiete und Kaltfronten dagegen das Yang.

YIN-YANG-EIGENSCHAFTEN	
Typische Yang-Eigenschaften	Typische Yin-Eigenschaften
Oben	Unten
Hart	Weich
Sonne	Mond
Spitz	Rund
Männlich	Weiblich
Aktiv	Passiv
Tag	Nacht
Trocken	Nass
Hell	Dunkel
Außen	Innen
Heiß	Kalt
Süß	Sauer

Ihre Checkliste

Prüfen Sie mit Hilfe des obigen Texts, ob Sie dem Beruf, dem Alter oder dem Geburtsdatum nach eher Yin oder eher Yang sind, und kreuzen Sie entsprechend die Spalte Yin oder die Spalte Yang an. Wie ist das Gesamtergebnis?

	Yin	Yang
Geburtsdatum		
Alter		
Geschlecht		
Beruf		
Umgebung		
Gesamtergebnis		

Sind Sie ein totaler Yang-Mensch? Oder ausschließlich Yin? Oder haben Sie Anteile von beidem? Nach chinesischer Auffassung sind Extreme ungesund, und es sollte ein ausgewogenes Verhältnis zwischen Yin und Yang auch in jedem Menschen herrschen. Wie Sie das erreichen, wird auf den nächsten Seiten dargelegt.

Eine überwiegende Rohkosternährung bekommt vielen Menschen schlecht. Ihr Körper fühlt sich kalt an, der Magen rebelliert dagegen. Sie brauchen auch Yang mit vielen warmen Speisen.

Krankheitssymptome

Es gibt viele äußere Einflüsse, die das Gleichgewicht des Menschen verschieben, jedoch hat seine Anpassungsfähigkeit auch ihre Grenzen. Dabei benutzen die Chinesen zur Schilderung des Körperzustands und zur Diagnose von Krankheiten Begriffe wie heiß und kalt, feucht und trocken.

▶ Wenn Yin überwiegt und Yang fehlt, spricht die chinesische Medizin von innerer Kälte, die sich vorwiegend als Vitalitätsverlust und sexuelles Desinteresse äußert. Der Patient ist dann gefühllos oder auch depressiv, abweisend, weinerlich, lustlos, sich isolierend, teilnahmslos und grüblerisch.

Innere Kälte kann durch energiearme und abkühlende Nahrung wie Rohkost, Südfrüchte, Tiefgefrorenes, Speisen aus der Mikrowelle, Fabrikzucker und Milchprodukte entstehen.

▶ Wenn Yang überwiegt und Yin fehlt, spricht man von innerer Hitze. Sie äußert sich in der Regel als körperliche Hitze, übermäßige Aktivität und Störungen des Nachtschlafs. Die Patienten zeigen zu viel Gefühl, sind leicht erregbar, aggressiv, unbeherrscht, überschwenglich, sentimental, überängstlich und hemmungslos. Ein Yang-Überschuss wird verursacht durch scharfe Gewürze, scharf Gebratenes, Schweinefleisch, Kaffee, Rotwein und Spirituosen.

Ein Yin-Mangel wird innere Austrocknung genannt und äußert sich in Müdigkeit, Konzentrationsschwäche und Durchblutungsstörungen. Er entsteht durch austrocknende Einflüsse wie Kaffee, Zigaretten, zu wenig Schlaf und geistige Überanstrengung.

Alkohol ist ebenfalls ein austrocknendes Yang-Element. Ein Glas Wein mit Freude getrunken, ist wohl verträglich, aber auf die Dauer dürfen Yang-Elemente wie auch Kaffee, scharf Gebratenes etc. in der Ernährung nicht überwiegen.

Krankheitsursachen

Als Ursachen für die oben beschriebenen Arten des Ungleichgewichts kann man zusammenfassend Stress, falsche Ernährung und Umweltverschmutzung nennen, die von außen auf den Körper einwirken und ihn aus dem Gleichgewicht bringen.

Aber auch übermäßige Gefühle sind ungesund; so schaden Ärger und Wut der Leber (»jemandem kommt die Galle hoch oder läuft eine Laus über die Leber«), Sorgen schaden der Milz, Kummer und Weinen greifen die Lunge an, Schock und Angst die Nieren.

Falsche Ernährung

Eine einseitige Ernährung mit zu viel Yin-Anteilen oder zu viel Yang-Anteilen belastet den Körper und vergiftet ihn schließlich.

Auch Gewürze sind mit Vorsicht zu verwenden:

▶ Zu viel Zucker schadet der Milz, der Bauchspeicheldrüse und dem Magen, auch den Knochen und Zähnen. Weißer Fabrikzucker ist in jedem Fall schädlich, da er dem Körper Energie entzieht.

▶ Zu viel Salz stört die Nierenfunktion.

▶ Zu viel Saures schwächt Muskeln und Sehnen und stört die Funktion der Leber.

▶ Zu viel Bitteres schädigt nicht nur Kreislauf und Herz, sondern auch die Haut.

▶ Zu viel Scharfes stört die Atmung und die Muskeln.

Es versteht sich von selbst, dass Übermaß grundsätzlich der Gesundheit abträglich ist. Bei Genuss- und Rauschmitteln wie Nikotin, Koffein und selbstverständlich auch Alkohol sind selbst geringe Mengen unter Umständen gesundheitsschädlich.

Mit der richtigen Ernährung und dem Einkauf günstiger Lebensmittel beugen Sie Krankheiten vor.

Zur Mäßigung ist besonders anzuraten

Yang-Menschen bei	Yin-Menschen bei
Obst, Obstwein	Wasser mit Kohlensäure
Tee, Alkohol	Kaffee, Schokolade
Weißmehlprodukten	Vollkornprodukten
Kartoffeln	Hülsenfrüchten, Nüssen
Poliertem Reis	Eiern, Fleisch, Käse, Butter
Rohem Gemüse	Sauerkraut, Spargel
Gemüse	Suppen
Zucker, Senf	Mayonnaise, Essig, Salz

Was brauche ich?

Jedes Nahrungsmittel enthält Yin- und Yang-Anteile. Durch die Zufuhr der richtigen Nahrungsmittel können Sie das Yin und das Yang in Ihrem Körper wieder ins Gleichgewicht bringen und die Gesundheit wiederherstellen. Jede Mahlzeit kann ein Schritt in diese Richtung sein. Die Grundlage sind immer neutrale Lebensmittel, die Sie in der nachfolgenden Tabelle finden.

Vegetarier haben meist einen Yin-Überschuss, da sie sich pflanzlich ernähren. Harmonisierend sind für sie Milchprodukte, Fisch aber auch Getreideflocken wie beispielsweise Hafer.

Yinisierende Nahrungsmittel

Pflanzliche Nahrungsmittel und Pflanzenprodukte wirken im Allgemeinen yinisierend, d. h., sie verstärken den Yin-Anteil eines Menschen. Hier eine Auswahl:

Stark yinisierend	Mäßig yinisierend	
Basilikum	Endiviensalat	Aprikosen
Bohnenkraut	Grünkohl	Bananen
Dill	Holunderbeeren	Brombeeren
Ingwer	Kartoffeln	Datteln
Maggikraut	Knoblauch	Esskastanien
Paprika	Kopfsalat	Honig
Pfeffer	Kümmel	Mandarinen
Pfefferminz	Löwenzahn	Obstwein
Rosmarin	Majoran	Oliven
Senf	Möhren	Orangen
Getrocknete	Petersilie	Grapefruits
Feigen	Rettich	Rosinen
Vanillezucker	Rote Bete	Schwarztee
Stachelbeeren	Rotkohl	Weintrauben
	Salbei	Zucker
	Sellerieknollen	Weißkohl
	Steckrüben	

Neutrale Nahrungsmittel

Diese Lebensmittel fördern Yin und Yang gleichmäßig und sollten bei jeder Mahlzeit als Grundnahrungsmittel gegessen werden:

Aal	Himbeeren	Reis
Ananas	Joghurt	Rhabarber
Bier	Kirschen	Rindfleisch
Birnen	Krabben	Sahne
Blumenkohl	Lachs	Sauerkraut
Bohnen	Mais	Schinken
Brot (alle	Margarine	Schleie
Arten)	Melonen	Scholle
Bückling	Milch (alle Arten)	Sekt
Butter	Muscheln	Spargel
Erbsen	Nudeln (alle	Wein (alle Arten)
Forelle	Arten)	Wurst (alle
Getreide (alle	Olivenöl	Arten)
Arten)	Pflaumen	Zwieback
Heidelbeeren	Porree	Zwiebeln

▸ Sind Sie vorwiegend Yang? Dann brauchen Sie zu den Grundnahrungsmitteln zusätzliche abkühlende Yin-Energien. Diese können Sie mit Zitronensaft oder Tomaten einer Speise beifügen, auch Champignons, Joghurt oder Südfrüchte eignen sich dafür.

Mit diesen Nahrungsmitteln können Sie also einer Speise, die nach der chinesischen Definition heiß ist, eine erfrischende Komponente hinzuzufügen, d. h. sie yinisieren. Damit soll nicht der Speise die Hitze entzogen, sondern sie soll durch eine ebenso starke kalte Komponente ins Gleichgewicht gebracht werden. Yin und Yang bestehen nebeneinander und geben dadurch der Mahlzeit ihren vollen Wert.

Innere Hitze und innere Kälte sind in der chinesischen Medizin Bezeichnungen für Krankheitsursachen.

Yangisierende Nahrungsmittel

Diese Nahrungsmittel verstärken den Yang-Anteil des Menschen:

Mäßig yangisierend		
Bierwurst	Kabeljau	Seezunge
Camembert	Kakaopulver	Speck
Colagetränke	Kalbsleber	Steinbutt
Cervelatwurst	Karpfen	Steinsalz
Erdnüsse	Kaviar	Teewurst
Flunder	Limburger	Vollmehl
Thunfisch	Mayonnaise	
Grahambrot	Nieren	**Stark yangisierend:**
Graupen	Quark	Geflügel
Grieß	Rinderfett	Hammelfleisch
Haferflocken	Rotbarsch	Hering
Hartkäse	Salami	Kalbfleisch
Heilbutt	Sardellen	Kaninchen-
Hühnerei	Schokolade	fleisch
Jagdwurst	Schweine-	Meersalz
	fleisch	Schweizer Käse
		Zander

Tipp: Zusätzlich zur Auswahl der passenden Speisen kann man jede Sitzordnung bei Tisch daraufhin prüfen, wo in ihr der zerstörende und wo der aufbauende Elementekreislauf eine Rolle spielt.

▶ Sind Sie vorwiegend Yin? Dann brauchen Sie außer den Grundnahrungsmitteln zusätzlich wärmende Yang-Energien, die Sie durch Grillen, Braten, Backen oder langes Kochen der Nahrungsmittel erreichen oder auch durch scharfes Würzen oder Beigabe von Alkohol.
Um kalte Salate im Sommer etwas verträglicher zu machen, kann man sie durch Beigabe von Zwiebeln oder Schnittlauch, Chili oder Oregano yangisieren.
Wenn Ihre Yin- und Yang-Anteile verhältnismäßig ausgewogen sind, sollten auch Ihre Mahlzeiten neben den Grundnahrungsmitteln Yin- und Yang-Anteile im gleichen Verhältnis enthalten.

Ernährung nach den Jahreszeiten

Um Yin und Yang ins Gleichgewicht zu bringen, soll man im Hochsommer mehr »kalte« und im Winter mehr »heiße« Nahrung zu sich nehmen, womit aber nicht ihre Temperatur gemeint ist, sondern bestimmte Wirkqualitäten im Körper.

Die Grundlage jedes Speiseplans sind die neutralen Lebensmittel wie z. B. Möhren, Kohl, weiße Bohnen, getrocknete Erbsen, Fisch, Hühnerfleisch, Rindfleisch, Nüsse und vor allem Vollwertgetreide. Das Getreidekorn ist ein Kraftpaket voller Energie. Diese Nahrungsmittel stärken die Mitte des Körpers, d. h. vor allem die Milz und den Magen, und diese beiden Organe verwandeln die Nahrungsenergie in Körperenergie, die dann von uns genutzt werden kann. In der warmen Jahreszeit gibt man zu den neutralen »kühle« oder »kalte« Nahrungsmittel hinzu, in der kalten Jahreszeit umgekehrt »warme« und »heiße«.

Frühling, Sommer, Herbst und Winter

»Kühle« Nahrung besteht aus den meisten Gemüsen und Kräutertees, ferner aus einheimischen Früchten und Salaten. Aus ihnen sollen vor allem bei Trockenheit Speisen zubereitet werden. Im Winter sollen keine rohen Früchte und Gemüse gereicht werden.

»Kalte« Nahrung sind z. B. Bananen, Ananas, Gurken, Tomaten, Mineralwasser und Joghurt. Wie uns unser Gefühl schon sagt, sind das vor allem Lebensmittel für den Sommer, die heiße Jahreszeit.

»Warme« Lebensmittel sind Hühnerfleisch und milde Gewürze, getrocknete Kräuter und die meisten Fischarten. Sie können zu allen Jahreszeiten gegessen werden, außer im Hochsommer.

»Kalte« Lebensmittel lassen sich yangisieren, indem man sie erhitzt – z. B. durch Backen oder Grillen – und scharf würzt. So geben beispielsweise »kalte« Tomaten vorzügliche, wärmende aromatische Suppen ab.

»Heiße« Nahrung umfasst vor allem Lammfleisch, scharfe Gewürze und hochprozentigen Alkohol. Sie sollte bei Kälte im Winter verzehrt werden, immer zusammen mit einer Portion neutraler Grundnahrungsmittel.

Krankenkost

Jede Umstellung der Ernährung – ob bei Kranken oder Gesunden – sollte zunächst mit neutralen Nahrungsmitteln beginnen, so dass in den ersten Tagen nur Vollkorngetreide und -erzeugnisse gegessen werden. In den darauffolgenden Tagen können dann allmählich einige Gemüse hinzugegeben werden. Diese Krankenkost ist auch als Schlankheitskur geeignet.

Säuglingsnahrung baut auf denselben Prinzipien auf, nur ist hier natürlich der Milchanteil größer.

Bei älteren Menschen lassen die Fähigkeiten der Verdauungsorgane allmählich nach und nähern sich wieder denen des Säuglings, bei dem diese Organe ja noch nicht voll funktionsfähig sind. Der ältere Mensch spürt selbst, was ihm nicht mehr bekommt oder schwer im Magen liegt, und ändert dementsprechend seinen Speiseplan, der sich auch mehr der Krankenkost annähert.

Reine Rohkost ist für niemanden zu empfehlen. Der Mensch muss täglich etwas Gekochtes essen, sonst wird er krank. Denn das Kochen ist ja ein Aufschließen der Nahrung, praktisch ein Vorverdauen. Rohkost, Frischkornbrei, ungekochtes Müsli und rohes Getreide sind nur bekömmlich für Menschen mit guter Verdauung.

Viele Menschen meinen, Rohkost sei besonders gesund, weil sie viele Vitamine enthält. Wie viel davon der Körper aber wirklich verwertet, hängt von der Arbeit der inneren Organe ab und nicht von der Menge der aufgenommenen Rohkost. Vielmehr gehört Rohkost zu den

Der Körper braucht zu verschiedenen Jahreszeiten unterschiedliche Nahrungsmittel. Im Winter verlangt der Körper nach »warmer« Nahrung.

abkühlenden und schwer verdaulichen Lebensmitteln, die die Milz schwächen, wie auch Zucker, Südfrüchte und Milchprodukte. Rohkostliebhaber sollten vorweg zumindest immer eine heiße Suppe essen.

Kurzer Feng-Shui-Check

In den beiden vorstehenden Kapiteln haben Sie einiges über die chinesische Fünf-Elemente-Lehre und die Yin-Yang-Charakteristik erfahren. Tragen Sie in die unten stehende Checkliste die wichtigsten Daten über Ihre Person ein – Sie werden sehen, wie hilfreich eine solche Selbstreflexion in vielen Lebenslagen sein kann.

Selbsttest zum Schluss: Notieren Sie sich, welche Rückschlüsse Sie aus der Fünf-Elemente-Lehre und der Yin-Yang-Charakteristik auf Ihre Persönlichkeit ziehen können.

Ihre Checkliste

Mein Element

Günstige Berufe

Günstige Farben

Günstige Formen

Vorteilhafte Nahrung

Schädliche Nahrung

Zugehörige Jahrszeit

Zugehörige Tageszeit

Zugehöriger Geschmack

Zugehörige Körperteile

Zugehörige Gefühle

Zugehörige Himmelsrichtung

Unterstützende Elemente

Feindliche Elemente

Yin oder Yang?

Zu meidende Nahrungsmittel

Günstige Nahrungsmittel

CHINESISCHE TIERKREISZEICHEN UND IHRE KENNZAHL

Beachten Sie, dass der Jahresanfang bei den Chinesen unterschiedlich im Januar oder Februar liegt, deshalb sind immer die Anfangs- und Enddaten des chinesischen Jahrs beigefügt.

GEBURTSDATUM	TIERKREISZEICHEN	KENNZAHL	
		Männlich	*Weiblich*
10.2.1910 bis 29.1.1911	Hund	9	6
30.1.1911 bis 17.2.1912	Schwein	8	7
18.2.1912 bis 5.2.1913	Ratte	7	8
6.2.1913 bis 25.1.1914	Ochse	6	9
26.1.1914 bis 13.2.1915	Tiger	5	1
14.2.1915 bis 2.2.1916	Hase	4	2
3.2.1916 bis 22.1.1917	Drache	3	3
23.1.1917 bis 10.2.1918	Schlange	2	4
11.2.1918 bis 31.1.1919	Pferd	1	5
1.2.1919 bis 19.2.1920	Ziege	9	6
20.2.1920 bis 7.2.1921	Affe	8	7
8.2.1921 bis 27.1.1922	Hahn	7	8
28.1.1922 bis 15.2.1923	Hund	6	9
6.2.1923 bis 4.2.1924	Schwein	5	1
5.2.1924 bis 24.1.1925	Ratte	4	2
25.1.1925 bis 12.2.1926	Ochse	3	3
13.2.1926 bis 1.2.1927	Tiger	2	4
2.2.1927 bis 22.1.1928	Hase	1	5
23.1.1928 bis 9.2.1929	Drache	9	6
10.2.1929 bis 29.1.1930	Schlange	8	7
30.1.1930 bis 16.2.1931	Pferd	7	8
17.2.1931 bis 5.2.1932	Ziege	6	9
6.2.1932 bis 25.1.1933	Affe	5	1
26.1.1933 bis 13.2.1934	Hahn	4	2
14.2.1934 bis 3.2.1935	Hund	3	3
4.2.1935 bis 23.1.1936	Schwein	2	4
24.1.1936 bis 10.2.1937	Ratte	1	5

CHINESISCHE TIERKREISZEICHEN UND IHRE KENNZAHL

GEBURTSDATUM	TIERKREISZEICHEN	KENNZAHL	
		Männlich	*Weiblich*
11.2.1937 bis 30.1.1938	Ochse	9	6
31.1.1938 bis 18.2.1939	Tiger	8	7
19.2.1939 bis 7.2.1940	Hase	7	8
8.2.1940 bis 26.1.1941	Drache	6	9
27.1.1941 bis 14.2.1942	Schlange	5	1
15.2.1942 bis 4.2.1943	Pferd	4	2
5.2.1943 bis 24.1.1944	Ziege	3	3
25.1.1944 bis 12.2.1945	Affe	2	4
13.1.1945 bis 1.2.1946	Hahn	1	5
2.2.1946 bis 21.1.1947	Hund	9	6
22.1.1947 bis 9.2.1948	Schwein	8	7
10.2.1948 bis 28.1.1949	Ratte	7	8
29.1.1949 bis 16.2.1950	Ochse	6	9
17.2.1950 bis 5.2.1951	Tiger	5	1
6.2.1951 bis 26.1.1952	Hase	4	2
27.1.1952 bis 13.2.1953	Drache	3	3
14.2.1953 bis 2.2.1954	Schlange	2	4
3.2.1954 bis 23.1.1955	Pferd	1	5
24.1.1955 bis 11.2.1956	Ziege	9	6
12.2.1956 bis 30.1.1957	Affe	8	7
31.1.1957 bis 17.2.1958	Hahn	7	8
18.2.1958 bis 7.2.1959	Hund	6	9
8.2.1959 bis 27.1.1960	Schwein	5	1
28.1.1960 bis 14.2.1961	Ratte	4	2
15.2.1961 bis 4.2.1962	Ochse	3	3
5.2.1962 bis 24.1.1963	Tiger	2	4
25.1.1963 bis 12.2.1964	Hase	1	5
13.2.1964 bis 1.2.1965	Drache	9	6
2.2.1965 bis 20.1.1966	Schlange	8	7
21.1.1966 bis 8.2.1967	Pferd	7	8
9.2.1967 bis 29.1.1968	Ziege	6	9

Mi Me Sa
6   3   5

CHINESISCHE TIERKREISZEICHEN UND IHRE KENNZAHL

GEBURTSDATUM	TIERKREISZEICHEN	KENNZAHL	
		Männlich	*Weiblich*
30.1.1968 bis 16.2.1969	Affe	5	1
17.2.1969 bis 5.2.1970	Hahn	4	2
6.2.1970 bis 26.1.1971	Hund	3	3
27.1.1971 bis 14.2.1972	Schwein	2	4
15.2.1972 bis 2.2.1973	Ratte	1	5
3.2.1973 bis 22.1.1974	Ochse	9	6
23.1.1974 bis 10.2.1975	Tiger	8	7
11.2.1975 bis 30.1.1976	Hase	7	8
31.1.1976 bis 17.2.1977	Drache	6	9
18.2.1977 bis 6.2.1978	Schlange	5	1
7.2.1978 bis 27.1.1979	Pferd	4	2
28.1.1979 bis 15.2.1980	Ziege	3	3
16.2.1980 bis 4.2.1981	Affe	2	4
5.2.1981 bis 24.1.1982	Hahn	1	5
25.1.1982 bis 12.2.1983	Hund	9	6
13.2.1983 bis 1.2.1984	Schwein	8	7
2.2.1984 bis 19.2.1985	Ratte	7	8
20.2.1985 bis 8.2.1986	Ochse	6	9
9.2.1986 bis 28.1.1987	Tiger	5	1
29.1.1987 bis 16.2.1988	Hase	4	2
17.2.1988 bis 5.2.1989	Drache	3	3
6.2.1989 bis 26.1.1990	Schlange	2	4
27.1.1990 bis 14.2.1991	Pferd	1	5
15.2.1991 bis 3.2.1992	Ziege	9	6
4.2.1992 bis 22.1.1993	Affe	8	7
23.1.1993 bis 9.2.1994	Hahn	7	8
10.2.1994 bis 30.1.1995	Hund	6	9
31.1.1995 bis 18.2.1996	Schwein	5	1
19.2.1996 bis 6.2.1997	Ratte	4	2
7.2.1997 bis 27.1.1998	Ochse	3	3
28.1.1998 bis 15.2.1999	Tiger	2	4
16.2.1999 bis 4.2.2000	Hase	1	5

Über die Autorin

Karola Berger ist Pädagogin und Psychologin. Sie arbeitet als Lektorin in der Erwachsenenbildung. Ihr Interesse gilt fernöstlichen Kulturen und Fragen der Innenarchitektur; sie hat sich ausgiebig mit Feng Shui befasst und bietet Beratungen bei der Wohnraum- und Bürogestaltung an.

Literatur

W. Gerstung/J. Melhase: Das große Feng Shui Gesundheitsbuch. Windpferd Verlag, Aitrang 1997
Kraatz v. Rohr, Ingrid: Praktischer Leitfaden Feng Shui. Nymphenburger Verlag. München 1996
Lillian Too: Das große Buch des Feng Shui. Delphi Verlag. München 1997
Meyer, Hermann/Sator, Günther: Besser leben mit Feng Shui. Irisiana Verlag. München 1997
Walters, Derek: Die Kunst des Wohnens. Feng Shui. Otto Wilhelm Barth Verlag. 6. Auflage, München 1995
Karen Kingston: Creating Sacred Space with Feng Shui. Piatkus Verlag. London 1996
Denise Linn: Die Magie des Wohnens. Goldmann Verlag. Hamburg 1996

Hinweis

Das vorliegende Buch ist sorgfältig erstellt worden. Dennoch erfolgen alle Angaben ohne Gewähr. Weder Autorin noch Verlag können für eventuelle Nachteile oder Schäden, die aus den im Buch gemachten praktischen Hinweisen resultieren, eine Haftung übernehmen.

Bildnachweis

Bilderberg, Hamburg: 71 (Ellerbrock&Schafft), 102 (Wolf); Das Fotoarchiv, Essen: U1 (Dirk Eisermann); Interfoto, München: 90 (TG); Look, München: 1 (Karl Johaentges), 22 (Ulli Seer), 92 (Jan Greune); Mauritius, Mittenwald: 32 (AGE); Südwest Verlag, München: 18; Tony Stone, München: 25 (Joerg Hardtke), 54 (Tim Thompson); Transglobe, Hamburg: 62 (Otto Stadler); Visum, Hamburg: 112 (Josep Pedrol)
Alle Illustrationen stammen von Roger Kausch, München außer Beate Brömse: 20, 27, 82

Impressum

© 1998 Südwest Verlag GmbH in der Verlagshaus Goethestraße GmbH & Co. KG, München

Alle Rechte vorbehalten. Nachdruck – auch auszugsweise – nur mit Genehmigung des Verlags.

Redaktion:
Reinhard Bröker
Projektleitung:
Dr. Brunex Zatellka
Redaktionsleitung:
Dr. med. Christiane Lentz
Bildredaktion:
Sabine Kestler
Produktion:
Manfred Metzger
Umschlag:
Manuela Hutschenreiter, München
Layout:
Wolfgang Lehner
DTP:
Matthias Liesendahl

Printed in Italy
Gedruckt auf chlor- und säurearmem Papier

ISBN 3-517-08045-4

Abmessungen 37ff.
Affe 88
Akupunktur 97, 101
Alter 113f.
Angst 111
Aquarien 50
Arbeitsplatz 19ff., 23
Arbeitstisch 16
Ausbildung 32f.
Ausschmückung 42

Bach-Blüten 45
Bau- und Transport-
   berufe 29f.
Beleuchtung 24, 28, 50
Beruf 60f., 114
Bewegung 29

Chi 5, 36f., 40ff.
Chinesisches Horoskop
   83ff.
Computer 23

Drache 85f., 91

Eingang 16, 24
Elektrosmog 101
Elemente 55ff., 70ff.,
   102ff.
Erde 43, 56f., 61, 72, 76,
   79, 105, 107
Erfolg 8
Ernährung 103ff., 117ff.

Familie 8, 63f.
Farben 75ff.
Feng-Shui-Metermaß 39
Feuer 43f., 56, 61, 72, 76,
   78, 103, 107
Formen 75ff.
Freude 109

Geburtsdatum 113
Geschäftsreisen 22

Geschlecht 113f.
Gesundheit 8, 93ff.
Glocken, 47
Glücksrichtung 7

Hahn 88f.
Händeklatschen 41
Harmonie 8, 123
Hase 85, 91
Herd 15f., 69
Hilfsmittel 47ff., 70
Holz 56, 60, 71, 76, 79f.,
   104, 107
Hotelzimmer 30
Hund 83

Jahreskennzahl 58
Jahreszeiten 121

Kasse 25
Kaufleute 24
Kaufmotivation 28
Kennbuchstabe 58
Kinderzimmer 67f.
Klangschalen 47
Krankheit 13, 94ff., 109ff.,
   115ff.
Kristalle 48

Landwirtschaftliche
   Berufe 31f.
Lehrende und pflegende
   Berufe 31
Luft 44
Luo-Pan-Kompass 5f.

Massage 97
Meridiane 99f.
Metall 57, 61, 72f., 76f., 80,
   105, 107f.
Monatskennzahl 57

Ochse 84f., 90
Organe 106ff.
Ortswechsel 22f.

Pferd 86, 91

Qi Gong 97f.

Ratte 84
Richtungen 8f.
Richtungsabweichungen
   11f.
Rutengehen 98f.

Schadstoffe 52
Schlange 86, 91
Schutzsymbole 53
Schwein 84
Sektoren 8f.
Selbstständige 24
Sorge 110
Spiegel 49
Störfaktoren 33ff.

Tierkreiszeichen 82ff.,
   124ff.
Tiger 85, 90
Trauer 110
Trigramme 6

Umgebung 114
Unfrieden 13, 64
Unglück 12f.

Vernichtung 13
Versiegelung 42f.

Wasser 44, 56, 60, 71, 75f.,
   78f., 105ff.
WC 17
Windspiele 47
Wohnungssektoren 10f.

Yin und Yang 113ff.

Ziege 87, 91
Zimmerpflanzen 51f.
Zorn 111